もくじ

自由花

生花

立花

はじめに

人は草木を見て、いつかそこに咲く花を想像することができます。なぜなら、美しさは眼前にあるものだけに備わるのではなく、人の記憶の中にもとどまっているからです。

いけばなでは、いつか見た花、いつか咲く花を理想として頭に思い描き、目の前の花が蕾であっても、「美しい」と感じ、それを作品に投影します。この「花はなくとも美しい」と捉える心は、日本人独特の感性かもしれません。

絵画や彫刻などの芸術作品は、無から有を生む創作活動です。しかしいけばなは、この世に存在する植物を使う点で、有から有を生むといえます。従って、用いる草木との関係が、作品に大きく影響します。

また、命ある植物を用いるということは、作品も数日後にはなくなってしまうということを意味しています。写真や映像で記録を残すことはできますが、作品そのものを残すことはできません。後に残るのは、「あの作品は美しかった」という記憶だけです。

残すことのできないいけばなは、「今」という瞬間がとても重要になります。従って、作品を見る人にも、今理解されるものでなくてはなりません。この点が絵画や音楽、文章のように、後世に理解されることのない、孤高の文化といえるでしょう。

記憶の伝承、感動の引き継ぎが、伝統を生み、歴史となるのです。

池坊いけばなには、自由花、生花、立花の三つの花型があります。これは、その時々の今に理解される花を追い、展開してきた結果です。

過去の積み重ねが今となり、今の積み重ねは未来へと向かいます。いずれの花型も未来へ通じています。その未来の入り口をはっきりさせるものとして、本書をご活用いただければ幸いです。

〈作品制作・文章協力〉

西田　永　池坊中央研修学院教授

清水　新一　池坊中央研修学院教授

井口　寒来　池坊中央研修学院教授

豊田　光政　池坊中央研修学院准教授

佐々木康人　池坊中央研修学院准教授

小林　義子　池坊中央研修学院客員教授

自由花

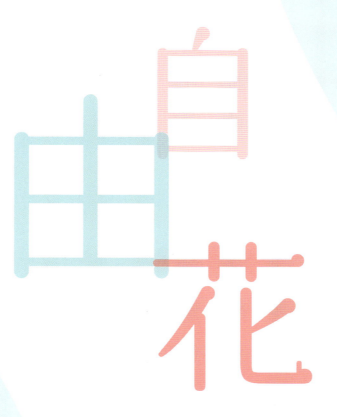

自由花で表現するもの

池坊いけばなには「立花」「生花」「自由花」の三つの花型がありますが、これは、池坊いけばなが長い歴史の中で、常に時代の変化に対応してきたという証しに他なりません。

中でも自由花は、近代に生まれた一番新しいいけばなの姿で、明治期以前の、日本の山野に自生する草木を用いて、日本の自然の景を再現し、日本家屋に飾るといういけばなの概念にこだわることなく、多様な「表現」「素材」「飾る環境」を求めることによって成立しました。そして現在も池坊いけばなは、時代の変化に応じて日々進化し続けています。

ところで自由花は、立花や生花で大切にされる「水際」を持ちません。従って、水際によって表される美感の点で、自由花は立花・生花と様相を異とします。しかし、池坊の自由花である以上、『池坊専応口伝』に示される「野山水辺をのづからなる姿」「よろしき面影」「草木の風興」という伝統的美感を持っていなくてはなりません。

〈自由花の表現内容〉

これはとても広範囲にわたりますが、大きく次のように分類して考えてみましょう。

A　自然景観の表現

これは一般に「自然的表現」といわれています。

この場合、水盤などの器を大地に見立てて使うことになります。

B　さまざまな感情の表現

ここでいう感情は、喜怒哀楽、季節の情感、行事、草木の持つ意匠性など、幅広いものです。

立花・生花は、野山の景観や草木そのものの性状を捉えるため、主に自然的な表現となります。しかし、自由花では草木の持つ、形・色・質感によるイメージを駆使し、Bのような表現が可能となります。これが自由花の大きな魅力であり特徴です。

この場合、器は素材の一部としてさまざまな姿形のものが使われます。

なお、自由花制作には、洋服や食器を選ぶ時と同じように、ファッションやデザインの感覚も求められます。

作品は、花材の部分美を取り合わせ、印象的に扱うことで「祈り」の感情を表現しました。

自由花
Style : Free style

カラテア　水仙　カラー　雪柳　ヒューケラ　山しだ　カルセオラリア
Materials : Calathea, narcissus, calla, Spiraea thunbergii, Heuchera, Dicranopteris linearis, Calceolaria

花材の観察

池坊いけばなの特徴は、植物の持つ「良さ」を引き出す点にあります。従って、単に草木を色や形として見るのではなく、その植物の持つ「らしさ」の中に「良さ」を見つけ、その結果として色や形を捉えなくてはなりません。この「らしさ」というのが、草木の持つ出生であり、池坊いけばなで最も大切にする要素です。

いけばなは無機質な造形物ではありません。使う素材も「花の形をした何か」ではなく、「生きた花」です。もし、色や形だけを捉えた造形物なら、花の形をした紙、葉の形をした布などを使えばよいのです。生きた植物を使う意味を考え、その生きている部分に着目しなくては、いけばなになりません。行為としては、いけばなにはなりません。

剣山やオアシスを使って花を「挿す」だけですが、「いけばな」の「いけ」は「いける」であるということを覚えておきましょう。

さて、草木を生かすには、その生き生きとした部分をよく知る必要があります。つまり観察しなくてはなりません。これがいけばな制作の第一歩となります。

花材の良さを見つけるポイントは次の通りです。

・生育する場所を知る
・生育する季節を知る
・質感を知る
・花葉の付き方、生え方を知る

これでは理科の授業のようですが、いけばなではさらに次の点が大切になります。

・表情を見る
・草木から得る印象を考える

つまり、何を感じるのかが重要で、草木への感動がいけばな創作の原点となるのです。さらに、この感動のもとが自然景観にあるのか、花材の持つ色や形、動きにあるのかで表現されるものが変わってきます。

作品は、青々とした夏はぜの間に顔を見せたゆりのかわいらしさを表現しました。

自由花
Style : Free style

夏はぜ　ゆり　こばのずいな
Materials : Vaccinium oldhamii, lily, sweetspire

線の花材

素材（草木）の持つ形を「らしさ」と捉え、要素として見ていきましょう。

素材には全体的な姿形の持つ美しさと、あるわずかな部分に現れる本質的な美があります。

素材に内在するそれらの要素は枝や茎に「線」、葉に「面」、花に「点」、そして点がまとまった「マッス」として捉えることができ、それぞれ異なる内容と機能美を持っています。

まずは線の面白さを捉えてみましょう。

緑葉を付けて湾曲する幹や小枝、天を突くようにまっすぐに立ち伸びる若枝、あるいは弾力と柔軟性に富んだ枝には、線特有の美しさが見られます。また、蔓物と呼ばれる、つるうめもどきや藤、さんきらいなどには、弾みのある動的な美があります。そして、かきつばたや花しょうぶの長い葉にはみずみずしい生命力を感じる緑の線を捉えることができます。このように、線による動きや質感からは、さまざまな感情やイメージが生まれます。

線には大きく分けて直線と曲線があり、それらは大小や長短、色彩を伴って無限の様相を呈します。

直線は簡潔で強く、曲線は柔らかさ、穏やかさを特徴とし、リズムや動きを感じさせます。こうした個々の線も、直線、曲線が複数になると律動が生じ、単線にはない性格や特徴が表れてきます。

また、線には向きがあり、たて（垂直）、ななめ（斜線）、よこ（水平）、それぞれから得られる感情が異なります。

たては荘厳であらたまった感じ、ななめは不安定さと動き、よこは穏やかさや安定感を意識させます。

線の持つ性質と、花材の持つ姿の融合が、線の花材、または花材の持つ線の部分による創作イメージを生みます。

作品は、曲線で輪郭を作り、それを重ねることで、優しい広がりのあるイメージとしました。

自由花
Style : Free style

アンスリウム　スチールグラス　オクロレウカ　オンシディウム　セイロンライティア　ライムポトス
Materials : Anthurium, Xanthorrhoea, Iris ochroleuca, Oncidium (orchid), Ceylon wrightia, lime pothos

面の花材

植物素材に見られる面は、葉に代表される平たい部分で、広い・狭い、大きい・小さいの要素があります。

葉の美しい草花は「葉物」と呼ばれ、特に生花ではその特徴を捉えていけ表します。中でも葉の面が特徴的なものは「大葉物」と呼ばれます。

これとは別に、かきつばたや花しょうぶ、あやめなどの「長葉物」は、その葉の美を、長い葉や細い葉の線に見いだします。ただしこれら長葉物も、複数並べることで面を作ることができます。また造形的に枠線として使うことで空間を切り取り、面として見ることができます。

面の要素を持つ花材について、もう少し詳しく見ていきましょう。面の花材も多種多様で、その形や色、質感は自由花の表現には欠かすことができない大切な要素です。

例えば、やつでやモンステラの葉のように切り込みの形が個性的な面は、見るたびに新しい発見があります。また、葉の一部を切ったり変形したりすることで、さらに新たな面の魅力が生まれます。自由花はこれがモチーフとなり、イメージが広がることで、創作のアイデアとなるのです。

また面には表裏があり、通常は表の面が鮮明な色彩をしています。例えば、げっとうやカラディウムなどは縞や斑《ふ》が美しく、これらの模様が生む感情を作品に生かします。一方でカラテアのように、裏面の美しい花材もあります。

このように形・色・質感から多くのモチーフが得られる葉ですが、他の花材の背景として使うことで、その花材を効果的に際立てることもできます。前方の素材を鮮明に映し出す働きは、面の要素ならではの特徴です。

作品は、蓮の大きな面を背景にすることで、グロリオサの赤と小さな点のかすみ草を、鮮明に浮き立たせています。

自由花
Style : Free style

蓮　グロリオサ　かすみ草　るり玉あざみ
Materials : lotus, Gloriosa, Gypsophila, globe thistle

点の花材

点の要素を持つ素材には、どのようなものがあるでしょうか。

さんきらい、ヒペリクム、なんきんはぜ、梅もどきなどの実。また、われもこう、るり玉あざみ、サンダーソニア、かすみ草の花やそれらの蕾などが挙げられるでしょう。他にもまばらに付いたユーカリやまんさくの葉などからも点的な要素を感じます。

では、点から感じるイメージは、どのようなものでしょうか。素材の持つ質感によっても異なりますが、一般的に、緊張感、求心力、アクセント、ポイント、独自性、象徴的などがあります。しかし、これは点の大きさや数量、粗密によって、変わってくるでしょう。

人間の目は、同じものを連続して並べると、それを追っていく性質があります。その特性を利用すれば、点の並べ方次第で動きやリズムの表現ができます。

実、花、蕾、葉など、用いる部位やその色彩、質感によっても表情や印象に違いがあるので、表現の内容に応じて的確に使い分けることが大切です。

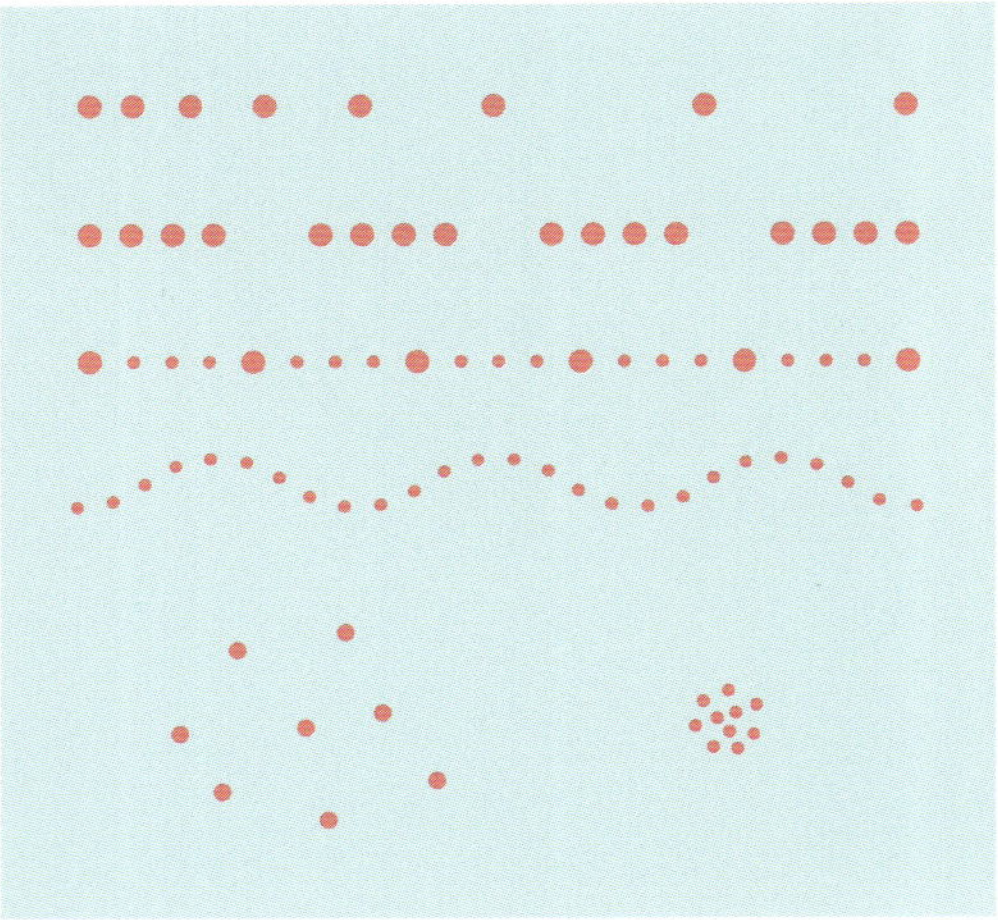

作品は、「上昇気流に乗って」をテーマに制作しました。

るり玉あざみとゴールデンスティックをたてに並べて上下の動きを出し、縞がまを下から上へ曲げて使うことで、上昇イメージを作っています。てっせんはプロペラをイメージしました。

自由花
Style : Free style

るり玉あざみ　ゴールデンスティック　縞がま　セイロンライティア　てっせん
Materials : globe thistle, Craspedia globosa, cattail, Ceylon wrightia, Clematis

マッスの花材

マッスは、固まりや集団、集合の意味に使われます。

マッスから感じられるイメージは、力強さ、ボリューム、存在感、安定感、エネルギー、斬新さなどで、ある程度の大きさや量を伴います。

植物では、あじさい、けいとう、けむり草などがマッスの要素を持っています。また、かすみ草は点の要素も持ったマッスとして扱うことができます。

マッスの表現では、これら単一花材としてマッスの要素を持つもののほか、線や点の花材を集めてマッスを作る場合があります。この場合、マッスを作ることで窮屈に見えたり、繁雑に見えたりしては意味がありません。マッスにして美しさが発揮される花材選びが大切です。例えば、花束やブーケなども、草花を集めてマッスを作っていますが、うまく色や形をまとめて全体として美しく見せています。

花材を集めてマッスを作る場合、その花材のイメージが変化することがあります。かすみ草やおみなえしのように弱々しく、優しい印象のものも、マッスにすることで、色彩が強調されたり力強さやボリューム感が出たりします。

また、マッスは立体感を伴います。線・点・面は、それのみでは二次元的なものですが、マッスはその雲のようにモコモコとした雰囲気にこそ特徴があるといえるでしょう。

一方で、マッスは動きに乏しいため、作品では線や点、面の要素と組み合わせることが多くなります。

作品は、「残暑」をテーマに制作しました。

けいとうは1本だけでもマッスを感じますが、複数用いることでより一層力強く、エネルギッシュな印象になります。

自由花
Style : Free style

けいとう　おみなえし　セイロンライティア　紫ラン
Materials : common cockscomb, Patrinia scabiosifolia, Ceylon wrightia, Bletilla striata (orchid)

形の要素を組み合わせて

線・面・点・マッスは、それだけで作品のモチーフとなりますが、これらの要素を組み合わせ、その異なるイメージ同士を対比、あるいは調和させることで、表現の幅はさらに広がります。

例えば、線に対して面、面に対して点、点に対してマッスなどは、互いを際立たせます。一方、丸いマッスに丸い面、曲線に対して曲面など、異なる要素でも形を同調させることで、複合的な力が表現できます。

花材には、線や面といった要素の他にも、色や質感などの個性がありますす。普段はこれらを総合的に捉えているので、わざわざ要素だけを取り出して考えることはないかもしれません。つまり、感覚が理論を超えて作品に向かわせているのです。しかし、時に表現法に迷うことがあれば、理論を優先して考えることで新たなモチーフ、アイデアを得ることもあるでしょう。

いけばなに限らず、造形物は要素の複合体であることが多いものです。物を見て感覚的に捉えた感情に対し、「なぜ?」と疑問を持つことで画期的な構成を発見するかもしれません。

作品は、「梅雨の晴れ間」をテーマに制作しました。あじさいの花(マッス)を水色のガラスの水盤に置き、ライムポトス(面)を後方に配することで、みずみずしさと広がりを感じさせました。ここにかすみ草(点)で柔らかさを添え、縞ふとい(線)で雨の降るイメージを具体化しました。

いけばなは、表現の前に命ある植物を扱うということを自覚する必要があります。命あるものには、今日まで生きてきた過程というものがあります。例えば、鮮やかな紅葉《もみじ》を見ると、夏に強い日差しを浴びて育った背景が見て取れます。また、命あるものには、その出生からどのように育ちたいかなどの意志や希望が感じられます。この見えないものを見抜く心の目が、いけばなには必要です。

ここで示した線・面・点・マッスという造形的な要素だけで花材を見るのではなく、命ある草木をいけるという心を忘れないようにしましょう。

自由花
Style : Free style

縞ふとい　かすみ草　あじさい　ライムポトス
Materials : Scirpus tabernaemontani 'Zebrinus', Gypsophila, Hydrangea, lime pothos

自由花の制作手順

「自由花は決まりがないので、どのようにいければよいかわからない」という声をよく耳にします。これは、自由花に「型」がないため、目指す姿が見えてこないからだと思います。

「型」があるということは、料理でいえばレシピがあるということです。一方で、「型」がないということは、創作料理のように材料も味付けも自分で考えなければなりません。とはいえ、手順や調味料で和・洋・中などのある程度の方向性が生まれると思います。

そこで自由花も、作品の制作手順や花器を考え、方向性を作るところから始めてみましょう。

〈主役と脇役を設定する場合〉

自由花を制作するには、花材同士や花器との取り合わせを考えなければなりません。

まず、基本となるのは、主役（花）と脇役（枝葉）という考え方です。これを設定することで、明暗や強弱という対照性が生まれ、作品の狙いがはっきりします。

通常、表現の中心となる花材には、美しさ、明るさ、存在感のある花を用い、ここに取り合わせる花材には、花を引き立たせる草木を使います。

〈構成と内容の主体を考える場合〉

特徴のある変形花器や動きの面白い花材を生かす場合、構成と内容それぞれの主体について考えることから制作を進めます。

構成の主体というのは、外枠を作ること（フレームワーク）から始まります。

手順として、まず枝葉で作品の骨格を作ります。この時、外枠を花器の形に調和させることや、花材の持つ動きを生かすことを考えます。続いて、花で見せ場を作り、内容の主体とします。

では、二種の花材を用いた作品で確認しましょう。

まず、オクロレウカを器の形に合わせた曲線にして作品の外枠を作ります。次に、ガーベラをオクロレウカの動きに合わせて立ち昇るように入れます。

オクロレウカを外枠とし、花器の形との調和を主体とすることで、仮にガーベラが違う花になり全体の雰囲気が変化したとしても、作品の狙いは変わらないことがわかるでしょう。

自由花
Style : Free style

ガーベラ　オクロレウカ
Materials : gerbera, Iris ochroleuca

花材の選択

作品に用いる花材の種類については、むやみにその数を増やすことは避け、それぞれを取り合わせた場合の効果を考えて選択します。効果を考えるということは、制作手順にも関わります。

取り合わせの基本となる2種類の花材での手順については前項で解説したので、ここでは3種類の花材で自由花を制作する手順を考えていきましょう。

この場合も、まずは2種類の花材での構成と同様のパターンで考えてみます。

1 構成の主体を設定する（外枠を作る）

主材は空間を構成し、花器の形とも同調させ作品の骨格を作ります。

2 内容の主体を設定する（花で見せ場を作る）

花を花器口付近に用いることで、主材との対照美と視線の集中点を作ります。

3 もう1種類の花材をあしらいとして加える

ここで選択するあしらいの役割は大きく二つに分類されます。

① 花器口の花材の働きを強める

② 作品全体の調和を色・形・質で整える

作品を見ながら考えていきましょう。

作品Aは、桃の自然な姿で外枠を構成し、花器口に青いサイネリアを用いました。

青色のサイネリアを選択したのは、桃の花の色を強調する目的と、器の模様の色に合わせるためです。

次に、サイネリアだけでは花器口が締まらず青色も浮いて見えるので、落ち着いた色調のヒューケラをあしらいました。

この、サイネリアにヒューケラを添えるなど、種の異なる花と葉を組み合わせる方法は、自由花ならではの表現です。

作品Bは、カラテアの面で全体のアウトラインを作り、花器の濃い黄色との対比を考えて、薄い黄色で繊細なイメージのカルセオラリアを見せ場としました。

基本的にはこの2種類の花材で完成なのですが、器の丸みとの調和と、動きによるアクセントを加えるために、スネークアリウムを1本入れました。

このように3種類目に入れた花材の効果が、作品内容をより深めます。

作品A

自由花
Style : Free style

桃　ヒューケラ　サイネリア
Materials : peach, Heuchera, florist's cineraria

作品B

自由花
Style : Free style

カラテア　カルセオラリア　スネークアリウム
Materials : Calathea, Calceolaria, Allium,

花器に合わせる

自由花では、花器も素材の一つとされ、花材と花器が一体となって初めて作品が成立します。言い替えると、花材と花器の感情や雰囲気が合っていないと作品に違和感が生まれます。

花材を花器に合わせるコツは次のポイントにあります。

①器の形に合わせる
②器の色や模様に合わせる
③器の質感に合わせる

この三つのうち、①は作品全体の姿を統一する大きな要素となります。

では作品を見ていきましょう。

作品Aは、三角形の器に合わせて構成の主材となるもみじの枝も三角形とし、さらに色を合わせることで花材と花器の一体感を生んでいます。これによって花材と花器の細やかな感情が一致します。

花器口に用いた花材は、もみじの背景にある冷たい空気感を演出しています。

作品Bは、花器上部の丸みに3本のカラーの曲がりを合わせました。また、尾花の曲線を加えてさらなる形の調和を図っています。カラーと花器口の葉の色は、花器の模様の色に合わせています。マランタはアクセントです。

花器の特徴をつかみ、花材で調和をとる方法はとても便利です。なぜなら、花器に合わせることで、制作の方向性を定めやすくなるからです。

注意点は、花器に合わせることに固執するあまり、花材をないがしろにしてしまうことです。草木の形を作り過ぎることで素直な美しさが失われたのでは、それは「いけばな」とは呼べません。また、形が同調する花材であれば何でもよいわけではなく、季節感、情感を持つ花材の「らしさ」が生かされることで、個性ある作品が生まれます。

自由花
Style : Free style

もみじ　ネリネ　ヘリコニア　ヒューケラ　チョコレート・コスモス　レインダーワトル
Materials : maple, Nerine, Heliconia, Heuchera, Cosmos, Acasia

自由花
Style : Free style

カラー　アマゾンリリー　ゼラニウム　尾花　とうがらし　マランタ
Materials : calla, Amazon lily, geranium, eulalia, Capsicum, Maranta

花器になるもの

自由花が飾られる環境はとても多様です。花展など、主に表現が求められる場所以外にも、生活のあらゆるシーンに花を飾る場所があります。

オフィスやショップ、また家庭の中に飾る場合、市販の花器もよいのですが、その場所に適した生活雑貨やデザイン性の高い食器などを利用するのは、自由花表現の幅を広げる有効な方法です。

暮らしの花で大切なのは、違和感なく飾ることです。そのためには、飾る場所の雰囲気に合うように花器・花材を選ぶ必要があります。つまり、構成や要素を考えるいけばなの感覚だけではなく、日々の暮らしの中で服や小物を選ぶようなファッションやデザインの感覚が求められます。ファッション、デザインというと特殊なもののようですが、普段使うものほどシンプルかつ機能的な美を有しています。従って作品もあまり複雑にせず、単純にきれいだな、かわいいなと感じられることが大切です。いけばなもまた、ある意味インテリア感覚で制作するのが適切であるといえます。

いけ手のセンスが反映されるため、さまざまな写真や映像、美術品などからヒントを得るよう常にアンテナを広げることが制作への近道になるでしょう。

作品Aの花器は、帽子のような形をしたパスタ皿で、それ自体がモダンでおしゃれな雰囲気を持っています。このお皿に料理を盛り付けるように花を入れ、器の形に合わせてスイートピーを空間に躍らせました。

花器と花材の雰囲気を合わせることで、軽く、かわいらしいインテリアとしての花を制作しました。

作品Bは、四角のプレートを現代的な水盤として使いました。小さなスペースでも空間がより広く感じられる構成にしています。

プレート・水盤型の器は、草木の自然な姿の持つ意匠美を表すのに適しています。水を着色することで、おしゃれな雰囲気を演出しています。

作品A

自由花
Style : Free style

スイートピー　トルコぎきょう　シクラメン　レザーファン
Materials : sweet pea, prairie gentian, Cyclamen, leather fern

作品B

自由花
Style : Free style

赤柳　シクラメン　オクロレウカ　スターリンジア
Materials : willow, Cyclamen, Iris ochroleuca, Stirlingia

自然の中のデザイン性

草木の自然な様子を捉えて表現するいけばなは、デザイン（意匠）とは無縁のものに思われます。それは、「自然＝無作為」「デザイン＝作為的」というイメージがあるからでしょう。

しかし、自然の中にもデザイン性に富んだ部分が浮かび上がって見えることがあります。例えば、すすきが並んで同じ方向に靡《なび》いているさまは、それが自然な様子であっても、どこか整えられた構成、配置によりデザインされたように見えます。

ここでは草木の自然の姿が持つ意匠性を生かした「意匠的表現」について解説します。

草木の成育する姿を捉えた場合、生き生きとした花・葉・茎が持つ自然な様子はそのまま表現内容となり、作品に写し取られます。これを「自然的表現」といい、このときの花器は大地を象徴します。

これに対して意匠的表現は、草木の姿は自然の姿で用いますが、作品の中で与える構成や花器などの環境によって、草木が見せる出生による生命感以外の感情を主題として作品を成立させていきます。

この方法は、自然の中では見えにくいもう一つの草木の自然な姿が発見でき、その魅力は自由花表現の可能性を大きく発展させるものといえるでしょう。

作品Aは、バラを斜めに立てて高さをそろえています。

バラ１本１本は自然な姿ですが、左側のオクロレウカとの対応と６本のバラが寄り添うイメージで、自然の中でのバラの姿よりも、そのふくよかな意匠性が強調されます。

作品Bの無作為に挿した場合と比較すると、構成による効果がよくわかると思います。

この表現方法は、主材の未知なる魅力を引き出すものです。しかし草木の自然な姿をそのまま扱うので、葉の省略の仕方や構成に神経が行き届かないと、作品の洗練さを失なってしまいます。

また、器も現代的な感覚を持って選び、使うことが大切です。

自由花
Style : Free style

バラ
オクロレウカ
縞ふとい
セイロンライティア
Materials : rose,
Iris ochroleuca,
Scirpus tabernaemontani 'Zebrinus',
Ceylon wrightia

異質素材と加工素材

自由花では使う素材も自由です。主体となる素材は生きた植物ですが、取り合わせる素材は植物でなくても構いません。

生きた植物ではない素材は、大きく分けて2種類あります。一つは異質素材、もう一つは加工素材です。

異質素材とは、鉄、紙、ガラス、プラスチックなど、植物以外の材質をいいます。色や形、大きさが自由で、曲げる、切る、つなげるなどの加工が可能なものです。無機的な素材感を生かして使用します。

加工素材は、植物を加工したものです。乾燥させたものが多く、乾燥後さらに着色や脱色したものもあります。元が植物素材である加工素材を使うことで生きた植物がよりみずみずしく見えます。

使用する際の注意点は、いずれも意図した表現に応じて使うことです。植物を生かすように用いることが大切で、異質・加工素材を使うことが目的ではないということを心に留めておかなくてはなりません。

なお、造花やプリザーブドフラワーは植物の代替品となるものなので、異質・加工素材を使った場合のような効果は期待できないでしょう。「いけばな」の本質として、生きた植物の生命感が見えてこなくてはなりません。

自由花
Style : Free style

花材：アンスリウム　スイカペペロミア
Materials : Anthurium, Peperomia

異質素材：プラネット　針金
Materials : planet, wire

生花

生花で表現するもの

生花は、草木が見せる生きる力を表現します。また、自然の変化により発せられる生命の兆しを感得し、それを明日に臨む姿勢として印象づけます。

生花の特徴は、数少ない花材を使って、草木の自然出生を見せる点にあります。陰陽の考え方をもととして、水際から立ち伸びるシンプルな姿の中に、生命の営みを簡潔に表します。

生花が生まれたのは江戸時代中期で、床の間にいける花として広まりました。そして明治期に「生花正風体」として現在に伝わる生花の基礎が完成しました。

生花正風体には、一種生、二種生、三種生があり、真・副・体の三つの役枝とそれを補うそれぞれのあしらいで構成されます。

それに対し、新しい生花として発表された「生花新風体」は、主と用の二つの役枝と表現内容を高めるための「あしらい」の多様な働きによって自由な構成が可能です。

型（規矩《きく》性）の中で表現される正風体と、自由な草木の見立ての中でいけられる新風体は、一見まったく違う表現のようですが、草木の生きる力と美しさをシンプルに捉える点は共通しており、すがすがしく気高い姿が生花の魅力となっています。

生花正風体の一種生は、例外もありますが、基本的には花のある花材を使って草木の自然出生の美しさを大切にしていけます。生花の中で最も「出生美」を追求するのが一種生の特徴といえるでしょう。出生とは「らしさ」であり、個々の花材が生まれながらに持っている性状のことです。一種生では、特にその花材の出生美を知ることが大切です。

二種生は、花のない草木に、花の美しい草花を体（根〆）に入れるいけ方です。2種の花材は木物と草物、枝物と花物、葉物と花物のように相反・相異したものを使い、出合いの対照効果、「対照美」を狙っていけます。

三種生は3種の花材が融和するようにいけ、その「融合美」の中に多様な表現を見せます。

作品は、梅の自然出生美を求めていけた一種生です。

生花正風体
Style : Shoka

梅
Materials : Japanese plum

基本の形①
役枝

生花の基本的な形は、真・副・体の三つの役枝で作られています。その三つの役枝のうち、真は花器の中央に位置し、その後ろに副、真の前に体を挿します。

真の高さは、その草木の姿によって多少変化することがありますが、およそ花器の高さの3倍を基準とします。また、その真に対して副の高さは3分の2、体の高さは3分の1を目安とします。真・副・体の働きの比率は、真7・副5・体3となります。

一瓶の主役の枝である真の姿は、まず水際から斜めに陽方へ向かい、やがて曲がりを見せて正中線上に立ち戻ります。

副は真に寄り添って出ますが、真が正中線上に戻る部分（腰）の下から離れ、そのまま斜め後方に働かせます。

体は水際部分が真に寄り添い、それから斜め前方陰方（副の働く方向の逆）へ振り出します。

なお池坊生花では、真・副・体にそれぞれ人・天・地を当て、自然の天地の中で生きるものすべてを象徴的に表します。

作品は、さんしゅゆの一種生で、基本の姿の中に出生美を捉えていけました。

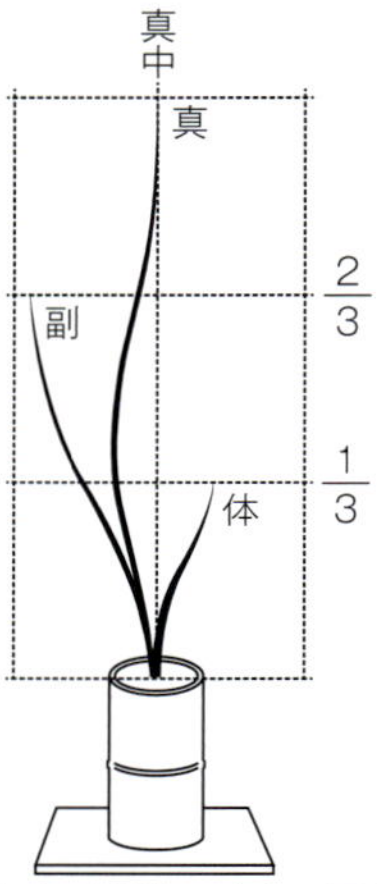

基本となる役枝の高さの目安

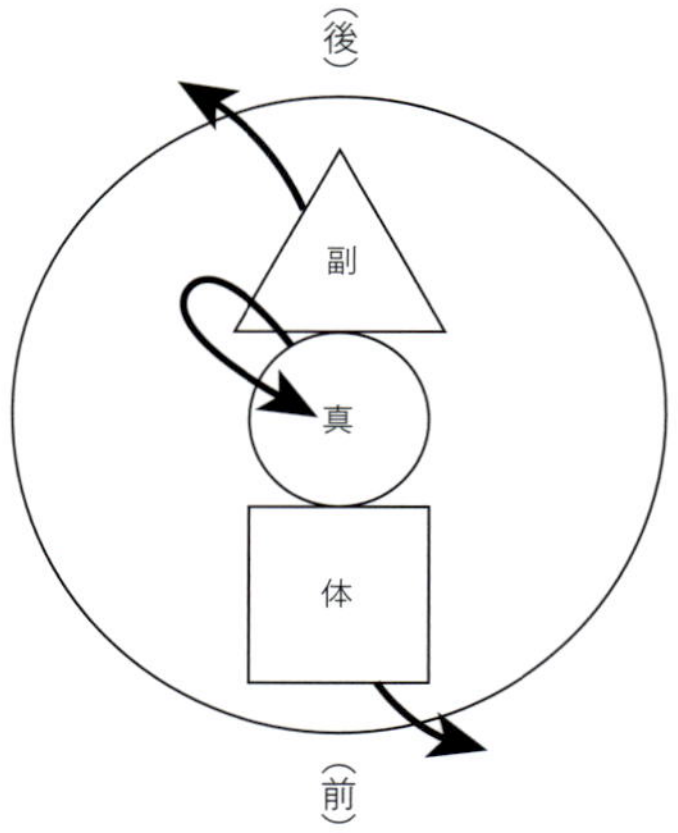

挿し口と方向

生花正風体
Style : Shoka

さんしゅゆ
Materials : Cornus officinalis

基本の形②
あしらい

役枝の真・副・体に使った枝がそれだけでは弱く、空間が充実しない場合などに、その働きを補い助けるために挿すのがあしらいです。

真と副に挿すあしらいは、基本はそれぞれの前後に入れます。

真の場合は、真の後ろと前に入れ、真とあしらいの高さ関係は、あしらいが真より高くならないようにします。また通常は、真の後ろのあしらいを前のあしらいよりも高くします。

副のあしらいも、後ろのあしらいを前のあしらいよりも高く用います。これは、池坊の伝統的手法である「前短後長」の法則によるものです。

体のあしらいは、体から真の前あしらいの間に挿して、枝先が上方へ向かうように働かせます。

生花正風体では、あしらいの使い方や働きによって真・副・体の姿がそれぞれ整えられ、全体としてより品格のある姿となります。

作品は、桃の曲線的で優しい出生美を生かした一種生で、それぞれのあしらいを効果的に働かせていけました。

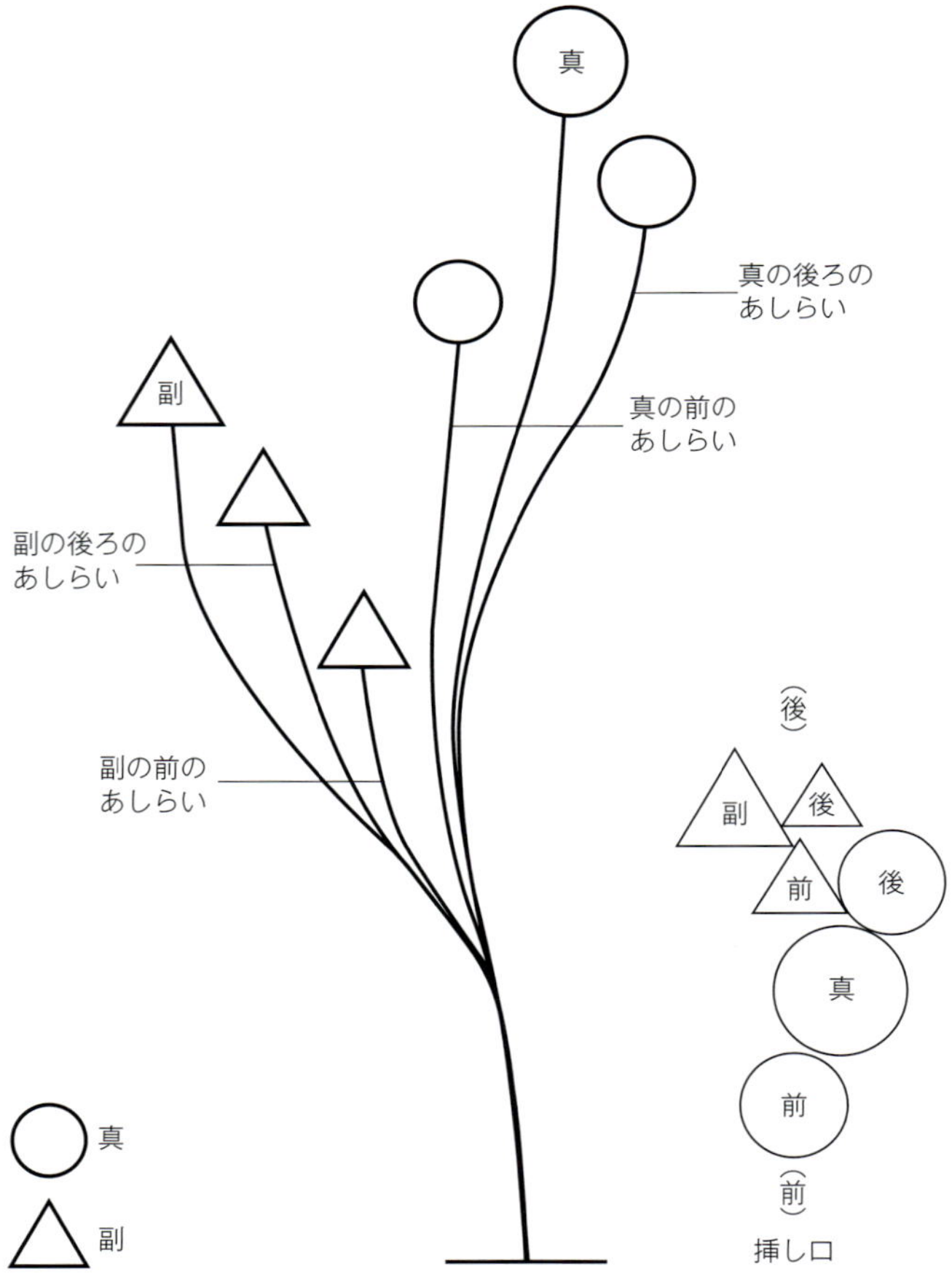

生花正風体
Style : Shoka

桃
Materials : peach

基本の形③
体について

生花正風体は、真（人）を中心に、副（天）を添えて横幅と奥行きを出し、体（地）を低く前方に挿して水際を引き締めて一瓶を整えます。

体は、一瓶の最も下の水際近くにある役枝です。働きの比率は真7・副5に対し、体は3と一番弱いのですが、その役割はむしろ一番大きいといえるかもしれません。

体は真の前に挿し、陰方手前に働かせます。その役割は、草木本来の出生を表したり、大地から抽《ぬ》きん出るはずみを表したりするもので、水際をしっかりまとめることで、全体を引き締める働きを持ちます。

また、体の部分には花のあるものを使います。床の間に生花をいける場合、原則、客の座る方向に体を向けるようにいけます。従って、そこに必ず花を用いるのです。もし、花のないものを真と副に使った場合は二種生とし、体に季節の花を添えます。この場合、体は「根〆」と呼ばれます。

体は一番先が前に出ているため、「体先」とも呼ばれます。これに対し、特に二種生では真の手前（真の前のあしらいの手前）に挿す体のあしらいを「体真」といいます。そして通常は、体真と体先との間にもあしらいが入れられます。

体真は体先よりも高くし、体先との間に入れるその他のあしらいは体先よりも低くするのが基本です。なお一種生の場合、下段の後方にあしらいが必要なときには、真より後ろに挿して陰方に奥行きを出します。

二種生の場合の根〆は、水仙やアイリスなどはその姿形から2本でもいけられますが、基本は3本で構成します。また、都忘れなどの小さな花は力が弱いので、5本以上入れることもあります。

作品は、リアトリスの一種生です。真・副・体にそれぞれのあしらいがどのように入るかをわかりやすく見せました。

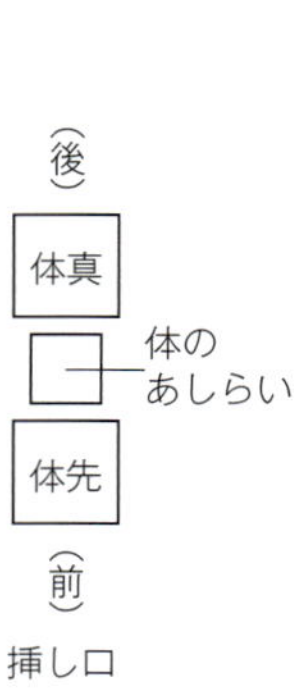

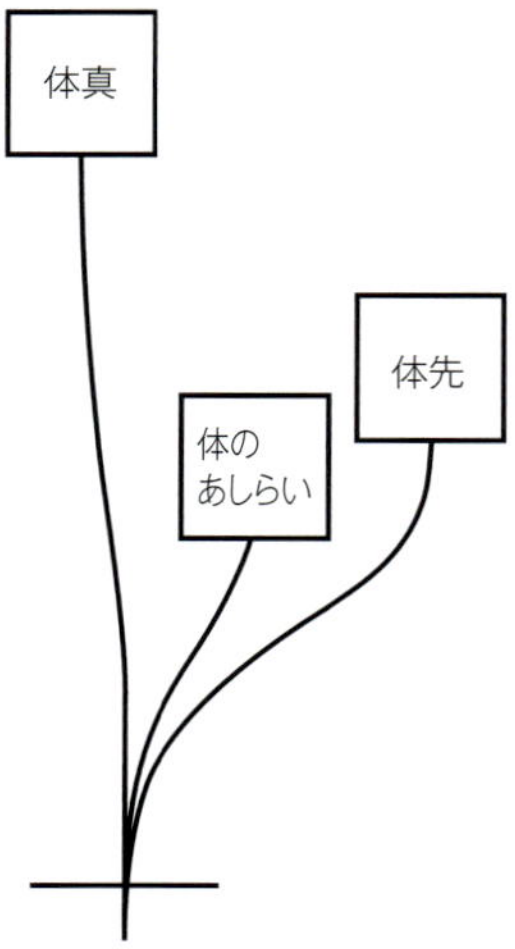

生花正風体
Style : Shoka

リアトリス
Materials : Liatris

陰と陽

生花では陰陽の考え方があらゆる場面に影響します。

まず、真の形が向かって左に曲がりを作る場合の姿を「本勝手」といい、この時の生花の陰陽は、向かって左が陽、右が陰となります。また、これを鏡に映したように、真の腰が右にある場合は「逆勝手」といい、陰陽も左右が反転します。

生花の本勝手・逆勝手は、花が飾られる床の間の本勝手、逆勝手に対応します。床の間は、床柱の向かって右に床がある場合が本勝手、左にある場合が逆勝手です。

本勝手の床は、向かって右の「明かり先」から太陽の光が差し込み、床柱の壁に当たります。そして床柱側が明るく輝くので、向かって左側が「明かり方」となり、こちらが陽方になります。従って、生花も本勝手の花を置くのです。なお、陰陽で作られる空間は平面的ではなく、真・副・体の動きに沿う立体的な空間であるため、左後ろ側が陽、右前を陰とします。また、枝葉の伸び立つ上を陽、下を陰とします。

さて、生花に陰陽が設定されることで、用いる花材の陰陽もよく見極めなければなりません。葉の場合は、表が陽、裏が陰で、さらに葉脈の広い方が陽、狭い方が陰です。枝の場合は日に焼けた側が陽となります。

これら生花の姿の中の陰陽、床の間の陰陽、草木の陰陽を総合的に捉えて、一瓶をいけ上げます。

作品は、陰陽を学ぶ基本の花材であるはらんの一種生です。

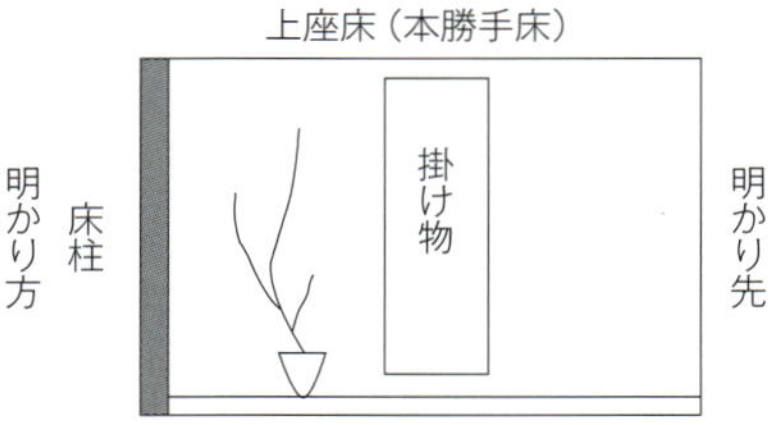

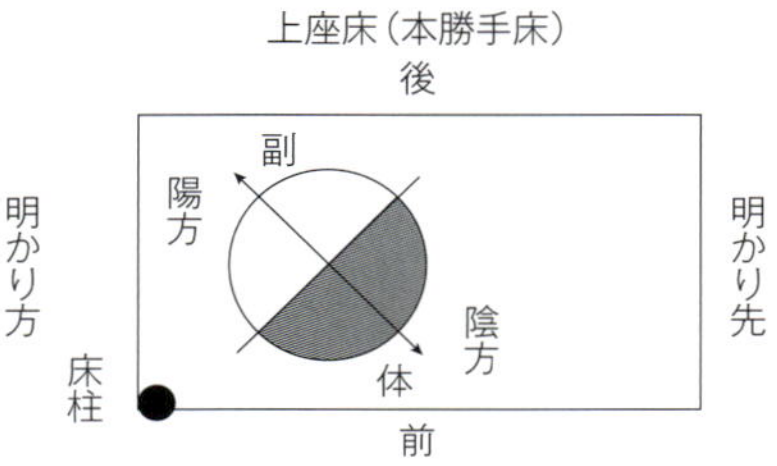

生花正風体
Style : Shoka

はらん
Materials : Aspidistra

真・行・草

《花形と花器の真・行・草》

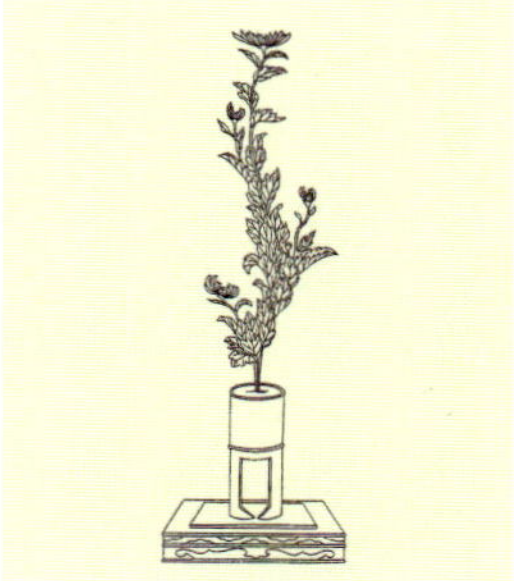

真の草

真の行

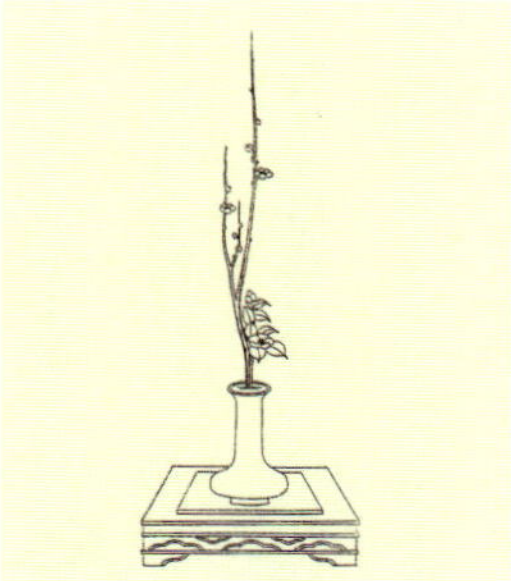

真の真

行の草

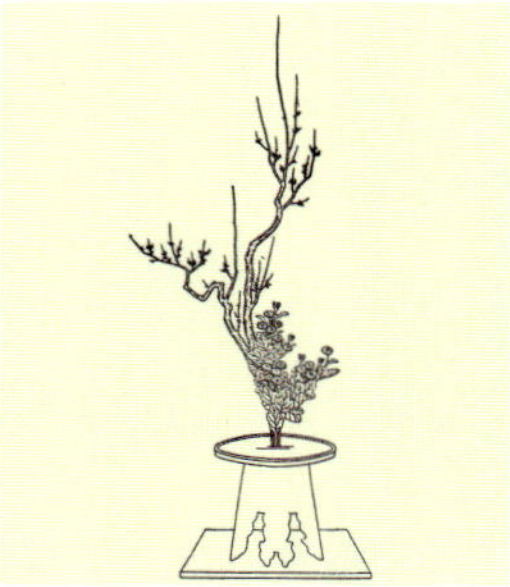

行の行

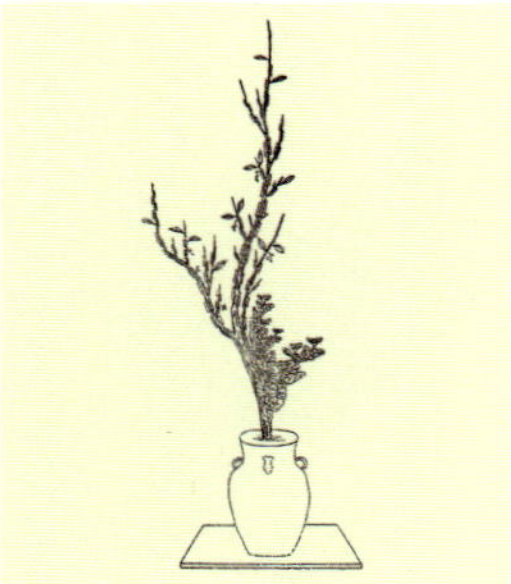

行の真

草の草

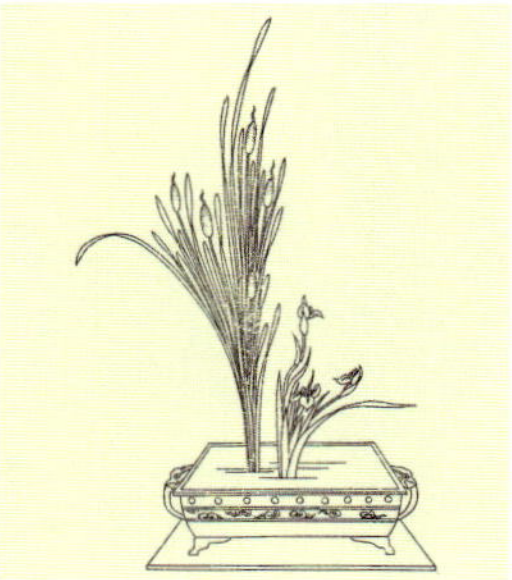

草の行

草の真

真・行・草は、もともと書の真書(楷書)・行書・草書から出た考え方といわれており、真は正格、草は崩したもの、行はその中間となります。

生花正風体には、花形と花器それぞれに真・行・草があり、花形の真・行・草は、さらにその中で真・行・草に分けられます。

真の花形は、厳粛端麗な素直な形、行の花形は闊達艶麗《かったつえんれい》で緩やかな形、草の花形は洒脱枯淡《しゃだつこたん》で変化の大きい形となります。

真の花器は縦に細くて単純な形、行の花器はやや幅のある形、草の花器は水盤や釣り花器、掛け花器がそれに当たります。

基本、花形と花器の真・行・草を合わせることで、全体を調和させせます。

作例は、真の花形、花器でいけた、しょうぶの一種生です。

生花正風体
Style : Shoka

しょうぶ
Materials : sweet flag

花材の分類

○木物・草物・通用物

いけばなで使う草木は、植物学上の分類ではなく、木物・草物・通用物という三つに分けて扱います。これは、自然の植生をいけ表すために行われることで、木は遠くに見て風情があり、草は近くにあることで美しく見えます。従って、木と草を一瓶に挿す場合は、木を後ろに挿し、草を前に挿すこととし、挿し口は交ぜません。木は木、草は草でまとめます。

通用物は、木とも草とも判別しにくい中間的な性質のもので、木に見えても年輪を作らない、草に見えても冬に枯れない植物などは、通用物として扱います。代表的な通用物としては、竹、藤、ぼたん、山吹、せんりょう、あじさいなどがあります。

○陸物《おかもの》・水物・水陸《すいりく》通用物

木物・草物・通用物の分類のほか、陸物と水物に分ける見方もあります。陸物は陸地に育つ草木、水物は水辺や水中から育つ草花をいいます。代表的な水物は、かきつばた、ふとい、こうほねなどです。また、陸地にも水辺にも育つものは水陸通用物に分類され、花しょうぶや葦などがあります。

○実物・葉物・蔓物

これは生花『五ケ條』に示されている分類で、それぞれ実や葉、蔓を美しくいけるための心得が記されています。

実物はせんりょう、梅もどき、南天などで、実の美しさをいけ表します。実は花ではないので、当季の花を根〆とします。また、やがて落ちてしまう実は、祝儀の席にいけませんが、おもとやせんりょうはその限りではありません。

葉物は葉が特に美しい草花です。かきつばた、ぎぼうし、はらん、花しょうぶ、ばしょうなどがその代表です。葉物はさらに大葉物、長葉物に分けられ、それぞれに細かい習いが伝えられています。

蔓物は、朝顔、つるうめもどき、藤などで、他の物に巻き付いて伸びる性状を印象的にいけ表します。

他の分類としては、垂れ物、靡《なび》き物などがあり、いずれも特徴を見いだし、生かすために行われる分類です。

作品は、実物であり、蔓物でもある、つるうめもどきを用いた釣りの生花です。垂れたり靡いたりする草木は、懸崖の姿にいけます。

生花正風体
Style : Shoka

つるうめもどき　小菊
Materials : Oriental bittersweet, small chrysanthemum

一種生

生花では、花の美しいものや、もみじやせんりょうなどのように花でなくても葉や実の美しい植物は、1種類の花材でいけます。

植物にはそれぞれの性状がありますが、「らしさ」と呼ばれる出生を大切にいけます。いけばなの世界ではよく、「梅は梅らしく、桃は桃らしく」という言葉でその心が伝えられており、梅の枝は直線的で木肌も荒々しく育つので、いける際にもそのように扱い、桃の枝はふくよかな曲線を持ち、木肌も美しく育つため、全体に丸みを持たせるようにいけます。

このように枝葉の姿や花の付き方、咲き方など特有の出生を捉えることで、さらにその部分を賞翫《しょうがん》のポイントとして、それぞれの姿を尊重しながらいけることが大切です。

また、今日では外来種や園芸種など、多種多様な植物があり、表現の幅も広がっています。外来種や園芸種などもその植物の姿や特徴をよく観察し、従来の植物と照らし合わせることで、一種生でいけることができます。

例えば、スパティフィルムは葉物として従来の花材を参考にいけることができますし、マンデビラは蔓物のいけ方が参考になります。

ただし、従来の草木に準じたいけ方は、先人の知恵に頼ることである程度整った姿にいけることができますが、必ずしもそれが新品種の出生に沿っていない場合もあります。よく考え、いろいろないけ方にチャレンジしていきましょう。そして、もし花材の扱いに無理が生じるようなら、二種生や三種生で表現することも考えてみてください。

作品は、ぼけの一種生です。寒い中に咲く小さな花の奥ゆかしさと、鋭い枝先が示す生育環境の厳しさを捉えました。

生花正風体
Style : Shoka

ぼけ
Materials : Japanese quince

二種生

二種生では、出生を大切にしながら、「木は高く、草は低く」を基本とし、私たちが目にする自然の景観美を作品で表現します。

花のない草木や、1種類では潤いや彩りが乏しかったり、力が弱かったりする場合には、もう1種を根〆(体)に添えて二種生とします。

まず、主とする花材が花のない草木の場合、作品に季節感が表現されないので、根〆に当季の花を用います。ここで、使用する花材について注意点があります。

二種生の場合、「木は後ろ、草は前」というルールがあるので、使っている花材が木物なのか草物なのか通用物なのかをよく理解しておく必要があります。

・真と副が木物の場合、根〆には木物・草物・通用物のいずれも使うことができます。
・真と副が通用物の場合、根〆は草物か通用物になります。
・真と副が草物の場合、根〆は草物を用います。
・通用物は、木物に対しては草物の扱いとなり、草物に対しては木物の扱いとなります。

次に、主とする花材に色や力が足りない場合にも、別のものを根〆に入れて二種生にします。明るさやつややかさ、力強さは、生命表現の重要なポイントとなります。足元に草花を添えることは、真と副との対照効果を生み、水際もすっきりと美しくまとまります。

根〆で気を付けたいのは、根〆に向いた花材を使うということです。性状として丈の高いものや大輪の花は向きません。また、花はきれいでも、葉のないものや美しくないものも水際が整わないので避けた方がよいでしょう。

作品は、木物を真と副に用い、根〆を草物としました。花のない木に花を添え、紅葉した葉に対し、白い花を合わせることで対照効果が生まれます。

生花正風体
Style : Shoka

ブルーベリー　なでしこ
Materials : blueberry, pink

交ぜ生

交《ま》ぜ生は、2種類の花材を用いて、夏から秋にかけての季節の移りや情景を表現します。

2種類の花材を使う点は二種生と同じですが、その構成が異なります。

交ぜ生ではそれぞれの植物で真・副・体の形を整え、お互いの姿を融合させることでおのおのの美しさを引き立て合います。

例えば、すすきとききょうという秋の草物2種を取り合わせる交ぜ生があります。すすきには曲線の持つおおらかさがありますが、花がありません。それに対し、ききょうには花がありますが、すすきのようなおおらかさはありません。そこで、お互いの足りないところを補い合い、融合させて全体を仕上げます。

通常の二種生では互いの足りない部分を補うことができませんが、交ぜ生にすることで、それが可能となるのです。

交ぜ生は、2種類の花材が融合し、交ざっていることから名付けられたいけ方ですが、この場合の挿し口は、二種生同様それぞれの花材のグループごとに挿し、交ぜることは許されていません。

その他、交ぜ生とする代表的な取り合わせとしては、

○すすき――おみなえし
○おみなえし―ききょう
○すすき――菊
○ききょう――われもこう

などが挙げられます。

なお、旧暦の7月7日、七夕だけにいけることが許されている「七夕七種」と呼ばれる生花がありますが、これは秋の七草（萩、すすき、おみなえし、なでしこ、朝顔、くず、ふじばかま）を交ぜ生の手法でいけ合わせる特殊な生花です。

作品は、すすきとききょうの交ぜ生です。

生花正風体
Style : Shoka

すすき　ききょう
Materials : eulalia, Japanese bellflower

三種生

三種生は、植物の特性をよく理解し、3種類の異なった植物を使って、作者の思いを表現します。

近年の住空間の多様な植物事情から考えられたいけ方で、一種生や二種生よりも表現は自由です。自然景観から意匠性の高い作品まで対応が可能ですが、3種類の花材が融和した姿にいけることが大切です。

三種生では、挿し口の制約が解かれます。つまり、木の後ろに草を挿しても、草で木を挟んでも不自然に見えなければ差し支えありません。これは表現を妨げないために行ってもよいとされていることですが、できることならば挿し口はまとめた方が美しいということも覚えておきましょう。

また三種生は、花材それぞれの性状や色彩を見極め、融合させることが大切です。出生を大切にしながら植物の持つイメージや季節感に景観を総合的に捉えていきます。あるいは、植物の部分的な要素を取り出して合わせていきます。例えば、直線的か曲線的か、丸いのかとがっているのか、暖色か寒色か、その他に質感なども考慮し、さまざまな角度から植物の特徴を捉え、作者が思う表現に必要とされる植物を3種類取り合わせます。

一種生や二種生とは違い、花材の取り合わせの幅が広がり、表現も華やかであるため、現代のさまざまな生活環境にふさわしい生花としていけられています。

三種生では花材の生き生きとした姿を見せるために、生花の規矩性を多少緩めて構成しても容認されますが、生花の持つ品格は保たれていなくてはなりません。

作品は、がま、夏はぜ、ききょうを用いた三種生です。

生花正風体
Style : Shoka

がま　夏はぜ　ききょう
Materials : cattail, Vaccinium oldhamii, Japanese bellflower

生花新風体

生花正風体は、真・副・体の型の中に、植物が育つ姿をいけ表します。型そのものに、自然の草木の曲がりや伸びやかさをきれいに見せる機能があるので、基本、この型に沿うことで、花の美しさが表現できます。

しかし、草木の中の意外な部分にも美は潜んでいます。後ろ姿の美しさ、葉裏の美しさ、曲がりの美しさなど、型では表現しきれない美の部分に気付いたとき、それを生花という枠組みの中で表現するすべは当初ありませんでした。

加えて新しい花材が増え、変化する住空間に対応するうちに、美への感覚はさらに洗練されていきました。そこで生まれたのが生花新風体です。

生花新風体は、3種までの花材で、水際を美しく見せる生花としての精神を残し、型をなくすことでより柔軟な美への対応を可能としました。

基本構成は、陰陽の原理に基づいたもので、これを「主」と「用」の対応でいけ表します。また、ここに「あしらい」を加えて主と用の関係性を深め、「明るさ」「鋭さ」「際立ち」を感じさせます。

この三つの特色は、目に見えて表現されるものではなく、植物同士の調和、反発の中から生まれてきます。それは自然界ではごく自然に見られる現象であり、それをわずかな草木の対応で見せるところに、生花新風体の奥深さがあります。

型を出るためには、型を知るところから始めなくてはなりません。生花正風体あっての生花新風体です。そして生花新風体を学び、型を出たところで、いけばなの始まりは、「形のうえに現れる以前の心の動きである」ということが理解できるでしょう。

立花

立花で表現するもの

いけばなの歴史は、池坊の歩みそのものと言って過言ではありません。

室町時代、池坊専応が残した『池坊専応口伝』の序文で、いけばなの精神性が説かれ、いけばなは華道へと昇華しました。

この時代のいけばなは、構成はあっても、まだ形がはっきり定まっていない「立て花」と呼ばれるものでした。

やがて、『池坊専応口伝』の教えをもとに、立て花の技術が発展し、江戸時代初期、二代池坊専好によって初めて「立花」という様式（形）が大成しました。

『池坊専応口伝』には、「草木の風興をわきまえて、野山水辺の自然な姿を見せ、花葉の表情を大切にする」という内容が記されています。つまり、これが立花で表現するものであり、その教えの中に華道の精神性と形の根源があるとします。

池坊ではこの表現内容を生花、自由花でも大切にしていますが、やはり立花の理論にこそ、この思想が色濃く反映されています。

立花は、多種多様な草木を用いて立てられます。この時、木は高く後ろの方に、草は低く前の方に使います。これは、山の景色は遠くにあり、草は身近で足元にあるという、ごく自然な景観を表すためです。この「木は後ろ、草は前」を原則として、花材の挿し口や枝葉の続け方が考えられています。

江戸時代の初めに誕生した立花は、少しずつ発展しながら受け継がれ、現在は「立花正風体」として学ばれています。

作品は、自然の風景を一瓶に表現した立花正風体です。

立花正風体
Style : Rikka

夏はぜ　とが　すすき　しょうぶ　いぶき　つげ　カーネーション　玉しだ　松　ひおうぎ　まさき
Materials : Vaccinium oldhamii, Southern Japanese hemlock, eulalia, sweet flag, Chinese juniper, box tree, carnation, sword fern, pine, blackberry lily, Japanese spindle

九つの役枝・挿し口

立花を構成する基本となる役枝は九つあり、それぞれ働きと挿し口が決められています。ここでは、草物ばかりを用いた場合の挿し口を示します。

役枝の働き

- 真　一瓶の主題
- 副　真を生かす
- 請　真と副の力を受ける
- 控枝　請と調和し、副の下の空間を充実させる
- 流枝　請・控枝とのバランスをとる
- 見越　遠景を表し、奥行きを出す
- 正真　一瓶の中心で正中線を示す
- 胴　全体を引き締める
- 前置　全体を下から支え、安定させる

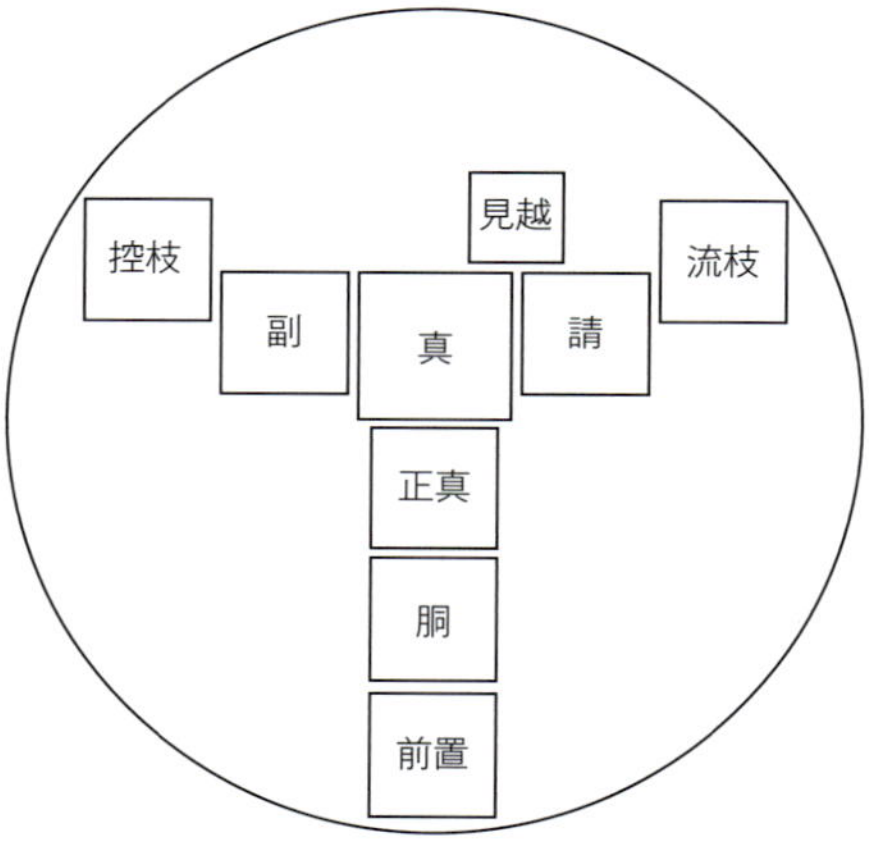

基本の立花（本勝手）の挿し口図

作品は、ひまわりを真として、基本の姿で立てた立花正風体です。役枝以外に、陰留・陽留・後囲というあしらいが入っています。あしらいについては後ほど説明します。

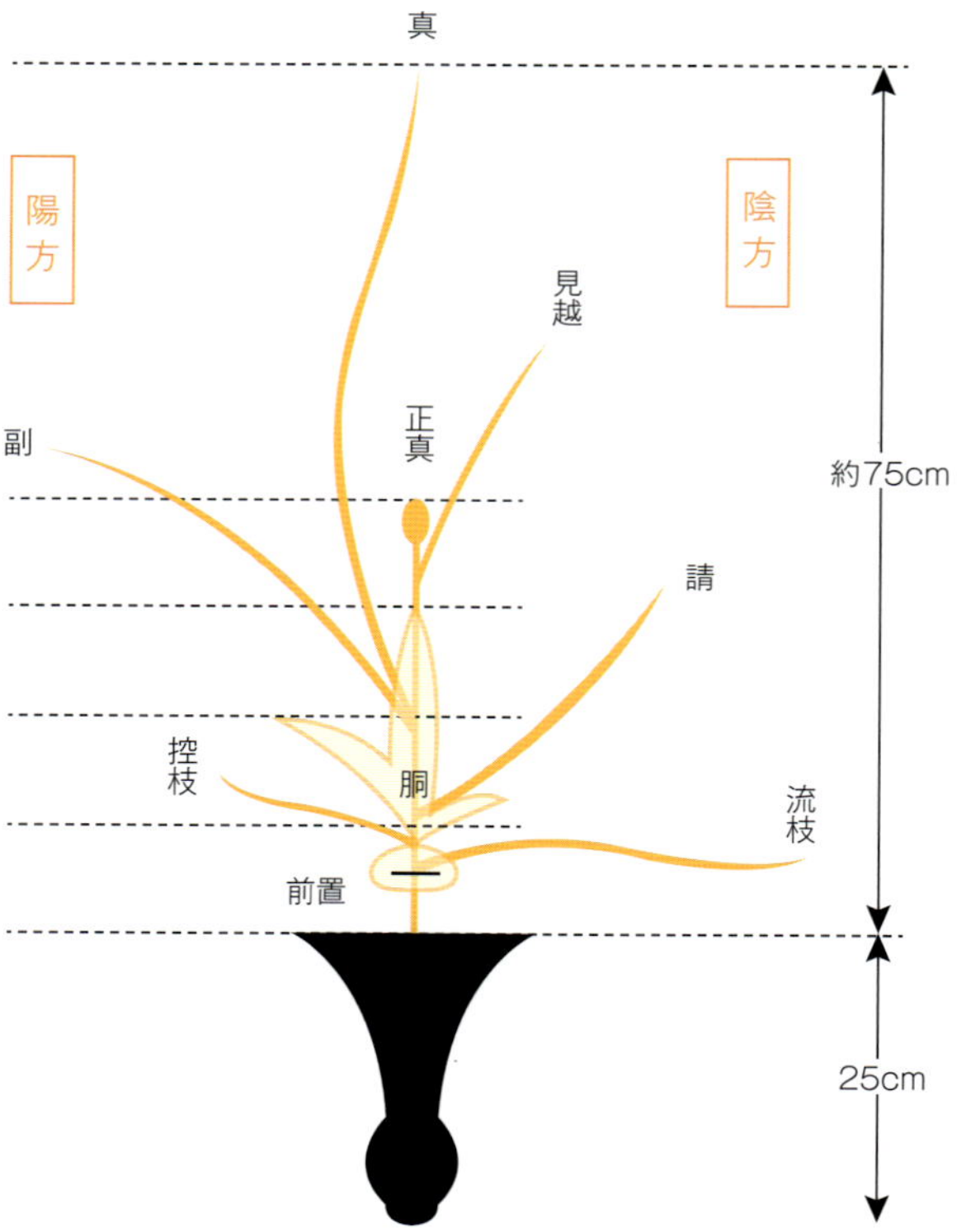

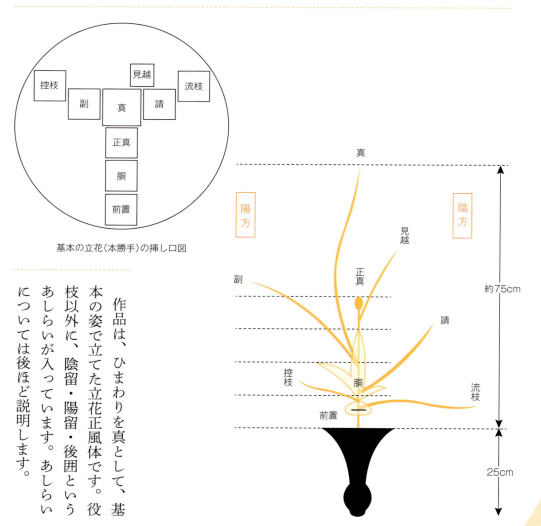

立花正風体
Style : Rikka

ひまわり　オクロレウカ　リアトリス　メリー　鳴子ゆり　カーネーション　玉しだ　ウーリーブッシュ
Materials : sunflower, Iris ochroleuca, Liatris, Asparagus'Myers', Solomon's seal, carnation, sword fern, woolly bush

三カ所遣いの立花

立花は、陰陽（左右）や上・中・下段の空間を設定し、バランスを考えながら花材の配置構成を考えていきます。

通常、立花を立てる際、九つの役枝以外にも、空間や彩りを充実させるためにあしらいが入れられます。ここで学ぶ三カ所遣いは、複数の場所に同一花材を入れて統一感を持たせる手法ですが、あしらいも含めて三カ所に同一花材を用いることがあります。しかし、今回は基本の三カ所遣いを知るため、役枝同士での三カ所遣いとします。

役枝には、真・請・控枝・見越・副・流枝・正真・胴・前置の九つの役枝があります。役枝はそれぞれに出所の高さが違い、配置する場所があります。中心に配置する正真・胴・前置、上方や中心から左右に伸びる、真・請・控枝・見越・副・流枝があり、ここではこの六つの役枝の配置について考え、基本的な三カ所遣いの配置を学びます。

三カ所遣いでは、真を中心に考えていきます。陰陽（左右）や上・中・下段の空間が最もわかりやすく、またバランスよく配置できる考え方で、作品全体の左右に順に花材を配置することで統一感が生まれ、表現内容が明確になります。

最も一般的な三カ所遣いは、真・請・控枝を同一花材とし、見越・副・流枝を他の同一花材で配置します。つまり、一瓶に二つの三カ所遣いを行います。

その他、真・副・流枝を同一花材にする方法がありますが、この場合、見越・請・控枝を他の同一花材にはしません。通常は上下に続く役枝同士を同一花材とすることはないので、見越と請には同じ花材を用いません。ただし、真と副は同じ花材を用いて力を持たせることができます。

作品は、真・請・控枝にアンスリウム、見越・副・流枝にオクロレウカを使った立花正風体です。

立花正風体
Style : Rikka

アンスリウム　オクロレウカ　ヘリコニア　メリー　ゴッドセフィアナ　玉しだ　カーネーション　ウーリーブッシュ
Materials : Anthurium, Iris ochroleuca, Heliconia, Asparagus'Myers', Dracaena, sword fern, carnation, woolly bush

二カ所遣いの立花

花材の特性（垂れ物・靡き物）によって下段に使用できない花材の場合や、表現の内容により深みや味わいを出すため、相反する花材（色・形・質）の取り合わせを複数箇所で行いたい場合など、二カ所遣いを組み合わせることで対比効果をもたらし、表現を豊かにすることができます。二カ所遣いでは多様な配置が可能な一方、複雑な構成となります。

なお立花では、花材を一カ所遣いとすることで色や力のバランスが保てなくなる「片遣い」を避け、二カ所以上に使うことが通常となっています。狙いや効果を求めて、あえて一カ所だけに印象的な花材を用いる場合を除いて、二カ所遣いは基本の手法です。

よく行われる二カ所遣いの組み合わせは次の通りです。

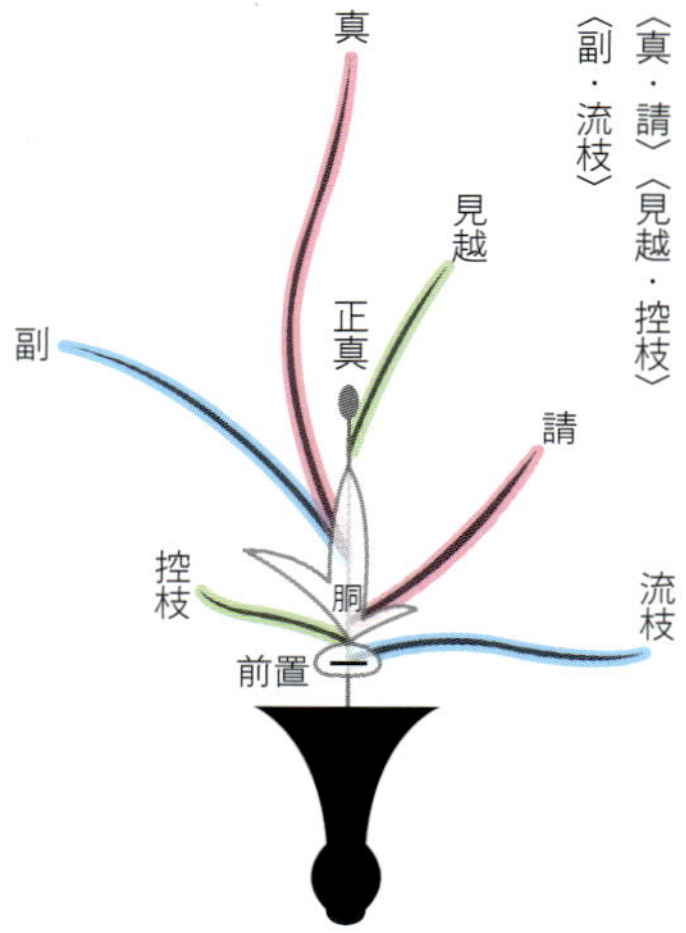

〈真・請〉〈見越・控枝〉〈副・流枝〉

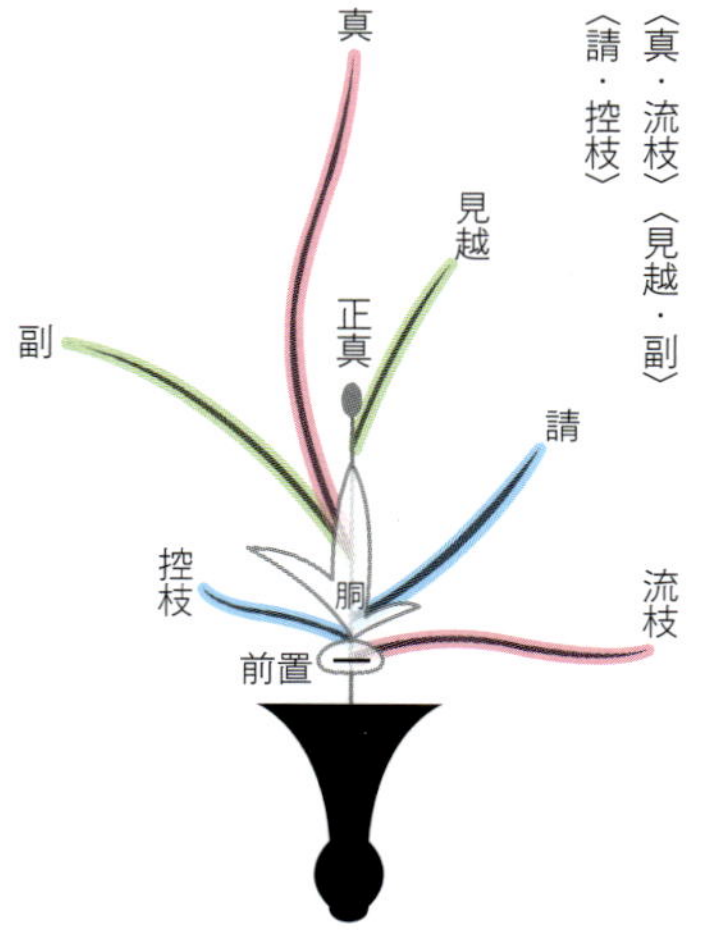

〈真・流枝〉〈見越・副〉〈請・控枝〉

この配置の他にも、三カ所遣いと二カ所遣いを組み合わせたり、あしらいを用いたりすることで、多様な構成が可能になります。

作品は、真と請にアンスリウム、見越と控枝に縞ふとい、副と流枝にオクロレウカを用いた立花正風体です。

立花正風体
Style : Rikka

アンスリウム　オクロレウカ　縞ふとい　ヘリコニア　メリー
鳴子ゆり　カーネーション　玉しだ　ウーリーブッシュ

Materials : Anthurium, Iris ochroleuca, Scirpus tabernaemontani 'Zebrinus', Heliconia, Asparagus'Myers', Solomon's seal, carnation, sword fern, woolly bush

あしらいの役割

あしらいは、九つの役枝で立てられた立花の空間、彩り、働き、力などを充実させるために入れる枝です。必ず入れなければならないものではありませんが、適切な部分に用いることで立花の完成度を高めます。注意点は、役枝よりも強いものや長いものを使わないことです。どちらが役枝かあしらいかがわからないような用い方は避けます。

先に学んだ三カ所遣い、二カ所遣いを行う際、あしらいも含めて同一花材を使うこともあります。その場合は、同一花材であっても、役枝とあしらいでめりはりを付けた使い方をしなければなりません。

あしらいの入る場所は図のような場所です。これらを含めて、あしらいは15種類ほどあります。

陽留と陰留はそれぞれ陽方・陰方に入るためこのように呼ばれ、木と草で立てる立花の場合は、木方に入る留を木留、草方に入る留を草留といいます。

なお、あしらいは省略できますが、この陽留・陰留（木留・草留）は省略できません。また、後囲も通常は省略しません。

作品は、前の項目で立てた二カ所遣いの立花正風体にあしらいを入れました。見越下と副下にクロトン、請内と胴内にヘリコニアを配しています。

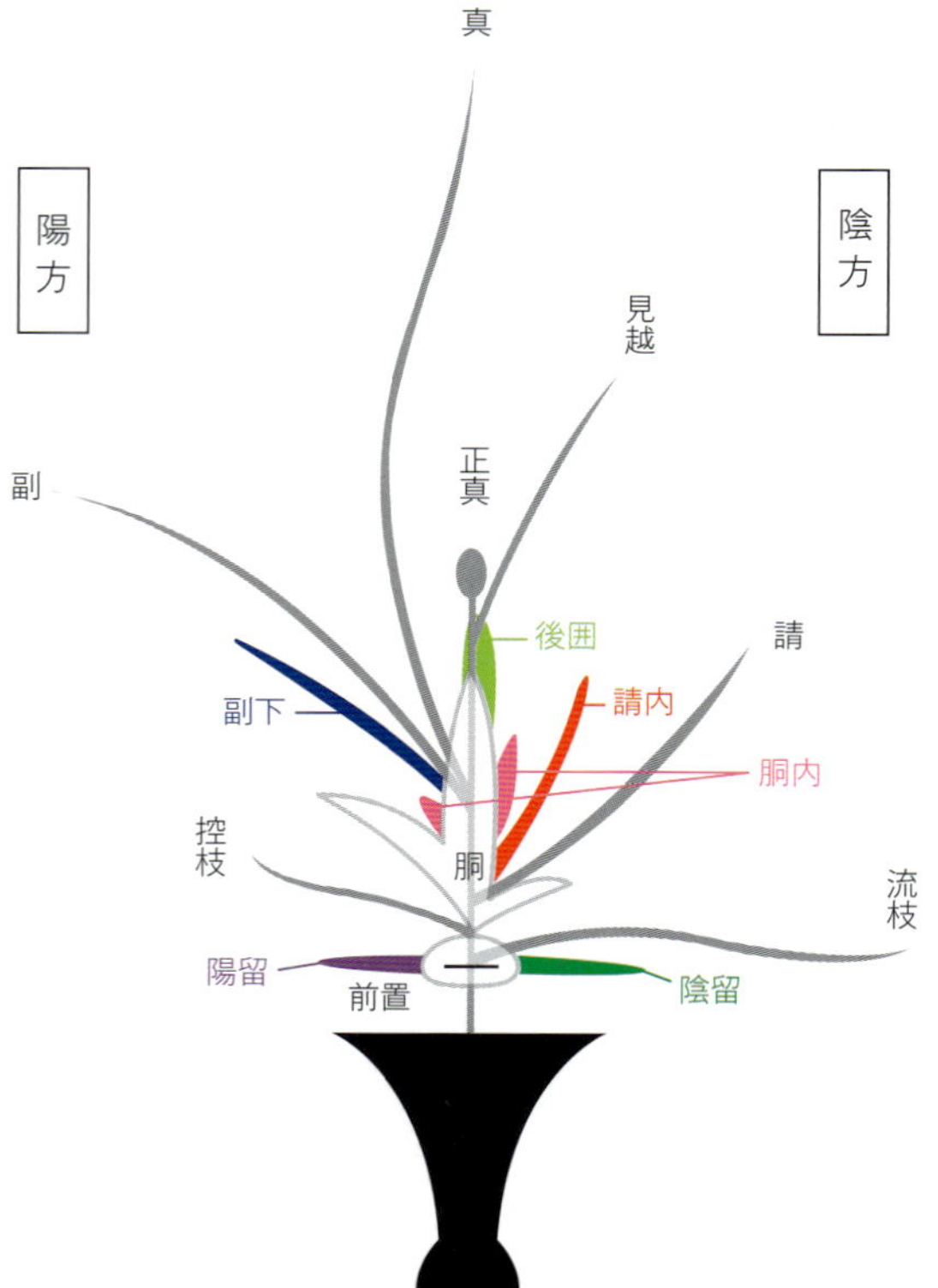

立花正風体
Style : Rikka

アンスリウム　オクロレウカ　縞ふとい　ヘリコニア　メリー　鳴子ゆり
カーネーション　玉しだ　ウーリーブッシュ　クロトン
Materials : Anthurium, Iris ochroleuca, Scirpus tabernaemontani 'Zebrinus', Heliconia, Asparagus'Myers', Solomon's seal, carnation, sword fern, woolly bush, croton

木物・通用物を使う立花

草物だけで立てる立花では、基本的な挿し口に九つの役枝、あしらいを挿せば、作品が完成します。しかし、木物や通用物を同時に使う立花（木草挿し交ぜの立花）では、草物ばかりの立花とは違い、挿し口が移動することがあります。

池坊いけばなでは、草木の性状によって、花材を木物・草物・通用物に分類しています（生花「花材の分類」の項参照）。そして、生花同様、立花でも「木は後ろ、草は前」に配します。通用物は適宜、木か草のどちらかと見なして用います。

生花の場合は真・副・体の相互の間で前後を決めればよいのですが、立花では真より後ろが木の領域、真より前が草の領域と定められています。真が基準となるので、真は木物でも草物でも問題ありません。また、副と請は木物・草物を問わず、真の真横に立てることになっているので、真・副・請の並びが前後の境となります。さらに、胴と前置は前方に向かう力を持っているので、これも木物であっても挿し位置は変わりません。

従って、配材により挿し口が変化するのは、控枝・流枝・見越・正真となります。

控枝と流枝は、木物ならそれぞれ斜め後ろへ、草物なら斜め前に挿します。

見越は木物なら真の斜め後ろ、草物なら真の斜め前に立てます。

正真は木物なら真の後ろ、草物なら真の前です。

ただし、これらは挿し口の問題であり、それぞれの枝先が働く方向は変わりません。

作品の役枝の挿し口は次のようになります。正真の松は木物なので真の後ろに挿し、見越のオクロレウカは草物なので真の前に挿します。控枝と流枝は共に木物なので、真・副・請の並びより後ろに挿します。

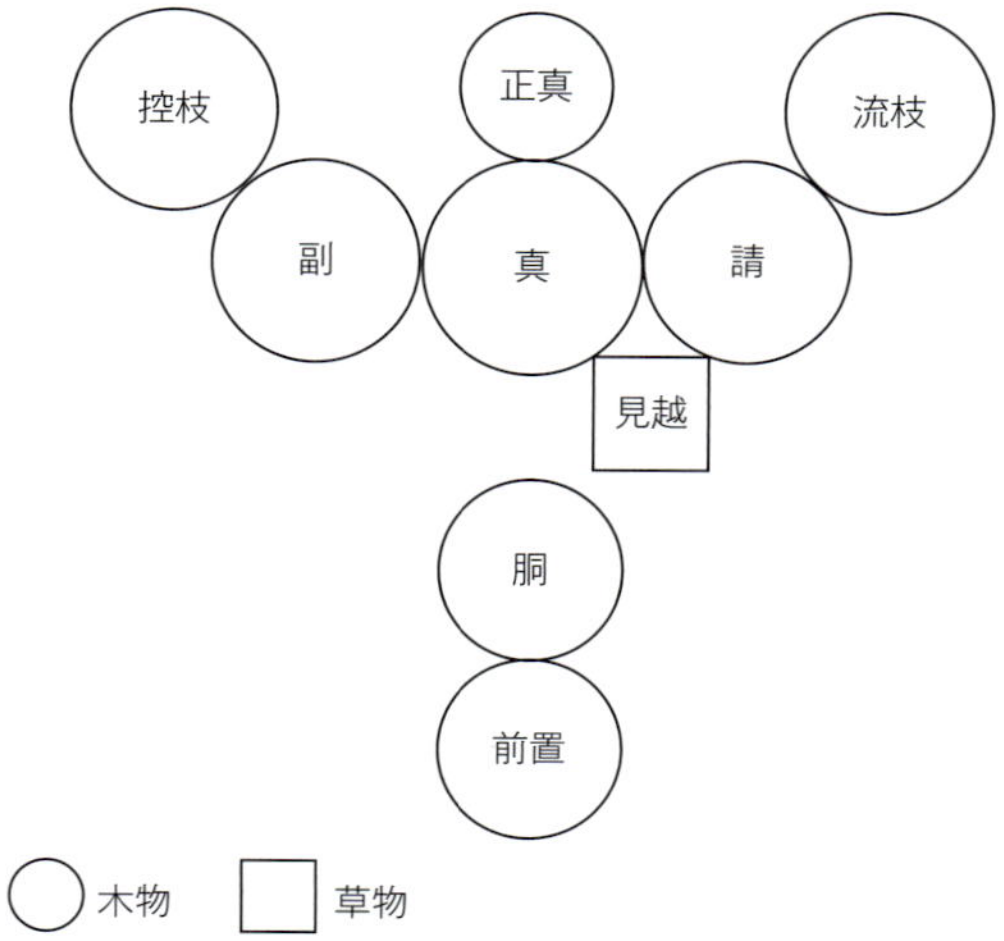

立花正風体
Style : Rikka

ななかまど　松　オクロレウカ　とが　いぶき　夏はぜ　カーネーション　玉しだ　菊
Materials : mountain ash, pine, Iris ochroleuca, Southern Japanese hemlock, Chinese juniper, Vaccinium oldhamii, carnation, sword fern, Chrysanthemum

縁をつなぐ①
真・請・控枝が木物の場合

立花では多くの花材を用いて複合的な美しさを出します。そのためにはそれぞれの花材をバラバラに使うのではなく、上下・左右・前後にバランスよく配置させなければなりません。

その上で、木物・草物を使う立花では、木の縁や草の縁が途切れないようにします。そのためには、「木は後ろ、草は前」を守り、役枝の挿し口をよく考えて縁をつなげていかなくてはなりません。胴と前置に木物（いぶき・つげなど）を使う場合、胴と前置の挿し口は前なので、木留などを使って後ろへ木の縁がつながるようにします（木草挿し交ぜの立花の留は「陽留・陰留」ではなく「木留・草留」と呼びます）。

また、草留の方へ草物を続ける道筋を「草道」といいます。

作品は、真・請・控枝に木物の夏はぜ、見越・副・流枝に草物のオクロレウカを入れた基本的な三カ所遣いのとしました。夏はぜの山の風情とは対照的に、オクロレウカの優しい風情が生き生きとしています。

この作品の場合、草物のオクロレウカの見越は真の前に挿して後角へと振り出します。また、流枝のオクロレウカも草物なので、挿し口を斜め前角に移動します。そして、流枝が草物なのでそちら側に草留を挿し、木留は反対側の控枝の方に挿します。ここでは通用物の玉しだを木留に用いていますが、木物と見なすことで使うことができます。

挿し口図は次のようになります。

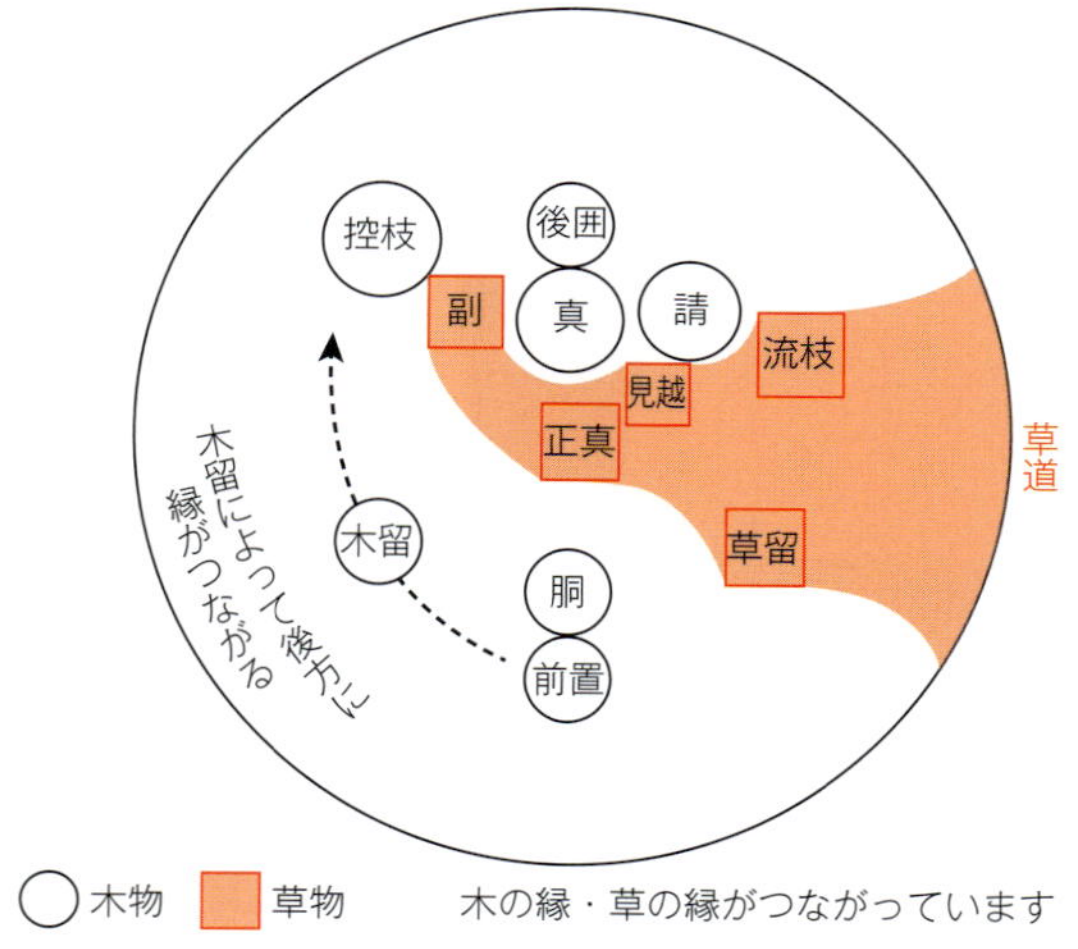

立花正風体
Style : Rikka

夏はぜ　りんどう　オクロレウカ　いぶき　つつじ　玉しだ　小菊　松
Materials : Vaccinium oldhamii, gentian, Iris ochroleuca, Chinese juniper, Japanese azalea, sword fern, small chrysanthemum, pine

縁をつなぐ②
真・請・控枝が草物の場合

立花では、役枝やあしらいを挿したり配置するときに、木と木で草を挟むようにして草の縁を切ることや、また草で木の縁を切ることのないように注意します。この縁をつなげることは、立花全体の統一を図るための大切な工夫です。

一瓶がバランスよくまとまる三カ所遣いも、真（上段）から請（中段）へ、さらに控枝（下段）へと同じ花材を対角に使うことで美しい上下・左右の均衡が図られます。また、副・見越・流枝の三カ所遣いも同じ効果が出ます。

前項は木物を真・請・控枝に使い、草物を副・見越・流枝の三カ所遣いとしましたが、ここでは反対に草物を真・請・控枝、木物を副・見越・流枝に使いました。次に、縁のつながり方の違いを作品で確認しましょう。

まず、秋空にたくましい姿を見せるけいとうを真に立て、請、そして控枝へと使ってバランスを取りました。それに対して緑の葉色の美しいひのきを副・見越・流枝の三カ所遣いとして、お互いの質感と色彩を際立たせています。

真と請のけいとうは草物ですが定位置に立てます。正真は草物なので真の前に挿します。しかし、控枝のけいとうは草物なので、通常の控枝の挿し口より前方へ移動します。そして、控枝が草物なので、草道を控枝方へ下ろし、その先に草留を挿します。反対に、木留は流枝方へ挿して胴と前置の木の縁が後方へつながるようにします。

挿し口図は次のようになります。

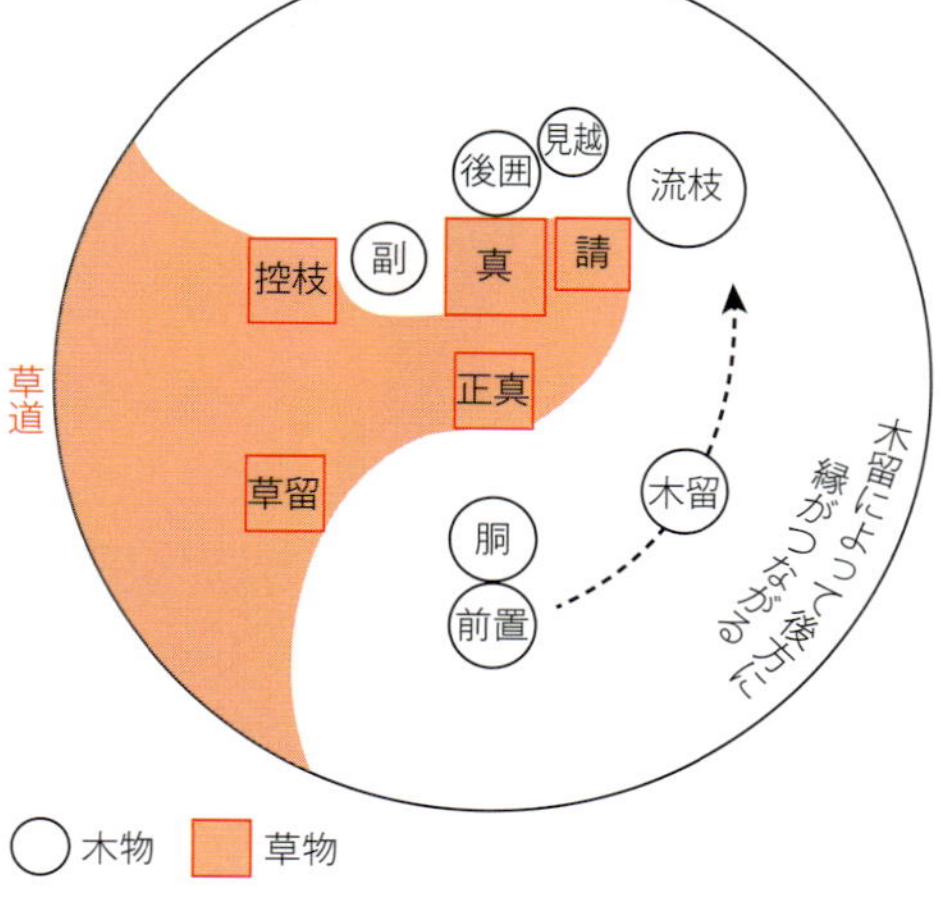

立花正風体
Style : Rikka

けいとう　ひのき　菊　いぶき　まさき　小菊　玉しだ　松　しゃが

Materials : common cockscomb, Chamaecyparis obtusa, Chrysanthemum, Chinese juniper, Japanese spindle, small chrysanthemum, sword fern, pine, Iris japonica

あしらいで縁をつなぐ①
真・請・控枝が木物の場合

立花には、木物だけで立てる立花、草物だけで立てる立花、木物と草物を挿し交ぜて立てる立花があります。

通常は木と草を挿し交えて立花本来の表現を行います。この場合、木と草が孤立しないように挿し口を続けて挿していきますが、ここではあしらいで縁をつなぐことを勉強しましょう。

作品は、真・請・控枝に木物を使いました。見越と副には草扱いの通用物、正真と流枝には草物を使い、胴と前置は木物です。

あしらいは、草物を真の前・請内・胴内・草留に使い、木物を木留・色切・後囲に使っています。

草は水の流れを表現しています。水は上から下へと流れ下り、一度下った水は上には戻れません。この作品の場合、正真→真の前→請内→胴内→流枝→草留の順に草（水）が下がってきます。

大切なのは、草の先端を見るのではなく、その出所がどの位置（高さ）から出るかということです。縁を続けるためには挿し口が重要となりますが、流れる水の表現としては出所の高さも留意しなくてはなりません。

立花正風体
Style : Rikka

ななかまど　アレカヤシ　菊　オクロレウカ　いぶき　まさき　夏椿　小菊　松　ひおうぎ
Materials : mountain ash, palm, Chrysanthemum, Iris ochroleuca, Chinese juniper, Japanese spindle, Japanese stewartia, small chrysanthemum, pine, blackberry lily

あしらいで縁をつなぐ②　真・請・控枝が草物の場合

作品は、役枝の真・請・控枝に草物を使い、見越・副・流枝に木物を使った立花です。なお正真は草物で、胴と前置には木物を立てています。

あしらいは、請内・胴内・陽方中段の胴脇・陽方下段の草留を草物とし、陰方下段の木留・色切・最後部の後囲に木物を入れています。

この場合の草道は、正真→請内→請→胴内→胴脇→控枝→草留と続き、上段から下段まで草の縁が切れないように下っていきます。また、前方に使った胴、前置の木の縁は、木留などを通って後方の流枝へと続きます。

上段から下段への水の流れは図のようになります。

作例にはありませんが、胴と前置に似た色の花材を使ったときには、色切というあしらいを入れます。色切は、胴と前置の間に見えるように用いることで、両者の境を明確にし、色彩的にも変化を加えます。通常は、胴と前置が木物であれば色切も木物とし、挿し口を胴と木留の間に置いて、前に使った木の縁を後方へと続ける役割も果たします。

立花正風体
Style : Rikka

ゆり　ななかまど　リアトリス　いぶき　まさき　小菊　夏椿　松　ひおうぎ
Materials : lily, mountain ash, Liatris, Chinese juniper, Japanese spindle, small chrysanthemum, Japanese stewartia, pine, blackberry lily

あしらいで縁をつなぐ③ 左右に出る役枝が木物の場合

正真以外の役枝（真・請・控枝・見越・副・流枝・胴・前置）に木物を使った立花の場合、通常は請方から胴内を通って控枝方に草を下ろしますが、下段に位置する流枝と控枝が共に木物なので、流枝方（陰方）、控枝方（陽方）のどちらにでも草を下ろすことができます。

作品Aは、草を控枝の方へ下ろした場合です。

このときの草道は、正真→請内→胴内→控枝のあしらい→草留と続きます。

作品Bは、草を流枝の方へ下ろした場合です。

このときの草道は、正真→請内→胴内→胴脇→草留と続きます。

どちらの作品も、草の下り方は、胴内までは同じですが、正真から陰方に下ろすか、陽方に下ろすかは、花材状況や作品の色彩、役枝同士の空間によって決めます。

大切なことは、一瓶全体をよく見て、陰方、陽方のどちらかだけに草が片寄るのではなく、木の間に上から下へ左右バランスよく草物を配し、調和の取れた美しい作品を心掛けることです。

作品A

作品B

立花正風体
Style : Rikka

ななかまど　ひのき　菊　とが　いぶき　まさき　夏椿　小菊　松　ひおうぎ
Materials : mountain ash, Chamaecyparis obtusa, Chrysanthemum, Southern Japanese hemlock, Chinese juniper, Japanese spindle, Japanese stewartia, small chrysanthemum, pine, blackberry lily

いけばな史略年表

和暦	西暦	出来事
	538	仏教伝来（仏前供花の始まり）
用明2	587	聖徳太子、六角堂（頂法寺）を創建（『聖徳太子絵伝』『六角堂頂法寺縁起』）
推古15	607	小野妹子、遣隋使として中国大陸に渡る（翌年も）（『日本書紀』）
延暦13	794	平安遷都により、六角堂が北に移動したという（『六角堂頂法寺縁起』）
弘仁13	822	嵯峨天皇（あるいは淳和天皇）、霊夢により六角堂に勅使を遣わし、 妃を得る（『六角堂頂法寺縁起』）
長徳2	996	花山法皇が六角堂へ御幸。 西国三十三所巡礼が始まったという（『六角堂頂法寺縁起』）
建仁元	1201	親鸞、六角堂に参籠。観音の夢告を受け、 浄土真宗を開くきっかけとなる（『善信上人絵』『恵信尼文書』）
永享3	1431	このころ、京都の三十三所観音が成立し、 六角堂がその札所となる（『撮壌集』）
寛正3	1462	2月、池坊専慶、鞍智高春に招かれ金瓶に草花数十枝を挿す。 洛中の好事家が競って見物する（『碧山日録』） 10月、池坊専慶、鞍智高春の施食会において菊花を瓶に挿し、 会衆を感嘆させる（『碧山日録』）
大永3	1523	池坊専応、花伝書『専応口伝』を相伝する
天文5	1536	池坊専慈（応）、『仙伝抄』を相伝するという
天正13	1585	豊臣秀吉、六角堂へ朱印状を下付し、一石の領地を与える
文禄3	1594	豊臣秀吉の前田利家邸御成に際し、 池坊専好（初代）が大砂之物を立てる（『文禄三年前田亭御成記』）
元和元	1615	徳川家康、六角堂へ黒印状を下付し、寺領を安堵する
寛永6	1629	後水尾天皇、絵師を派遣し、 池坊専好（二代）の立花を写させる（『資勝卿記』） 宮中七夕立花会が最盛期を迎え、紫宸殿でも催される （『立花之次第九拾三瓶有』『紫宸殿立花御会席割指図』）
寛永18	1641	池坊における七夕立花会の史料上初出（『隔蓂記』） 池坊専好（二代）、江戸に下向して将軍徳川家光と対面、 弟子の岡西卜立を御用立花師として江戸に置く
延宝6	1678	池坊専養、『永代門弟帳』に入門者の記帳を始める
宝永5	1708	このころ、近松門左衛門、浄瑠璃に立花用語を駆使する
寛延3	1750	ほぼ生花の様式的な完成が見られる（『専純生花図』）
文政3	1820	池坊生花の集大成、池坊専定自撰『挿花百規』が刊行される
明治12	1879	池坊専正、京都府女学校の花道教授を委嘱される
大正11	1922	このころ、近代意識に基づき自由花が提唱される
昭和14	1939	池坊の機関誌『たちばな』創刊（のちに『華道』へ改題）
昭和20	1945	池坊専永、華道家元四十五世を継ぐ
昭和43	1968	川端康成、ノーベル文学賞受賞記念講演「美しい日本の私」の中で 『専応口伝』を紹介する
昭和52	1977	池坊専永、「生花新風体」を発表
平成11	1999	池坊専永、「立花新風体」を発表
平成18	2006	池坊専永、永年の文化普及の功労により旭日中綬章を受賞
平成24	2012	いけばな池坊550年祭開催
平成29	2017	池坊専好（初代）を主人公とした映画『花戦さ』公開

知っておきたい 池坊いけばな基本講座

作品制作・文章協力
西田 永　清水 新一　井口 寒来
豊田 光政　佐々木 康人　小林 義子

2019年9月20日　第1版第2刷発行

発行者　池坊雅史
発行所　株式会社日本華道社
編　集　日本華道社編集部
〒604-8134
京都市中京区烏丸三条下ル　池坊内
電　話　編集部　075(221)2687
　　　　営業部　075(223)0613

撮　影　木村尚達
デザイン・制作　Seeds of Communication
印刷・製本　図書印刷株式会社

ISBN978-4-89088-137-6

生花を学ぶなら、まずはこのテキストから

30年以上使われ続けているロングセラー
『池坊いけばなテキスト 生花Ⅰ・生花Ⅱ』の改訂版。

使いやすく、わかりやすい基本内容はそのままに、
写真をカラー化することで、より学習しやすくなりました。
生花を始められる方、学び直される方に最適です。

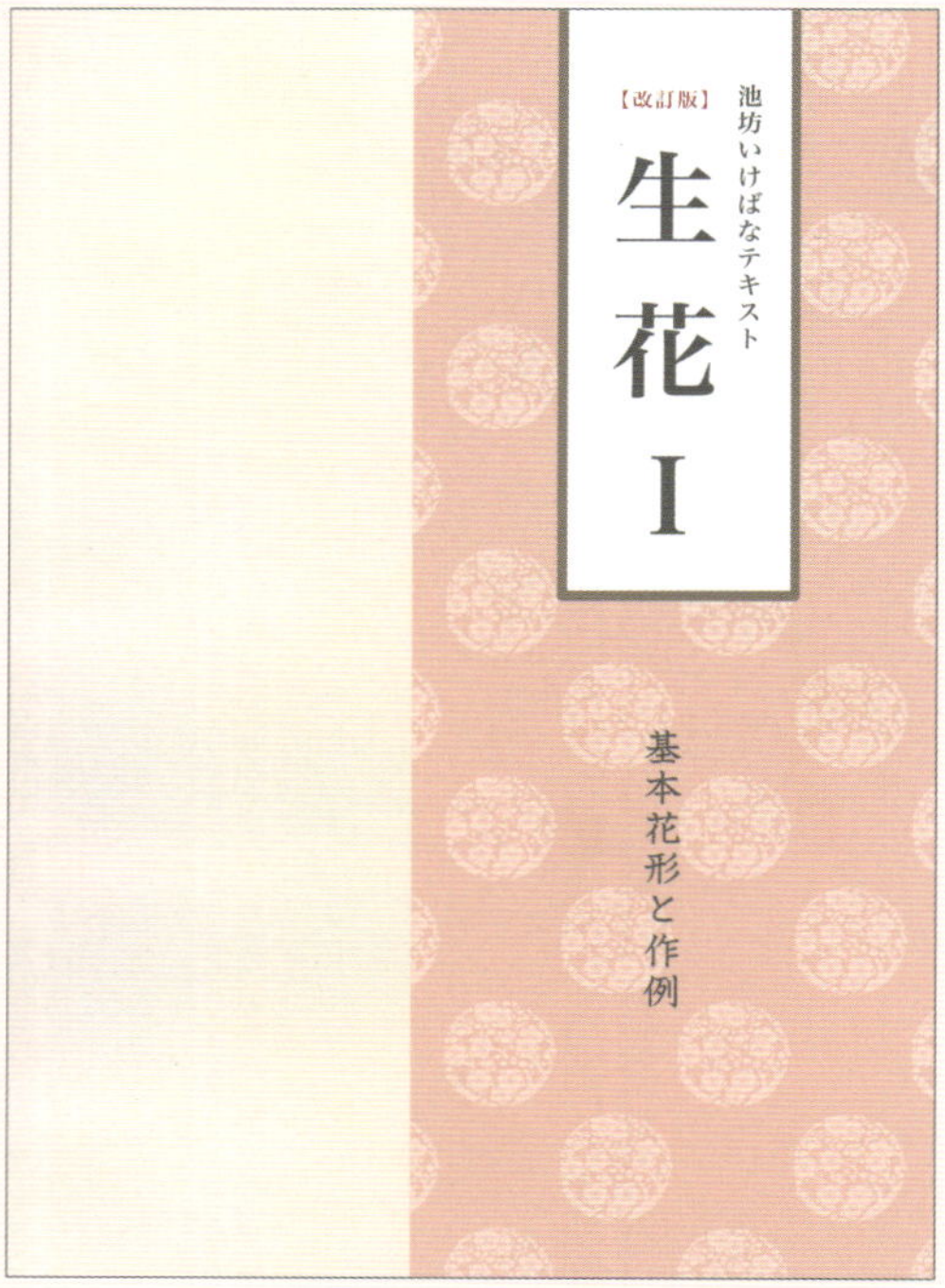

【改訂版】池坊いけばなテキスト
生花Ⅰ
基本花形と作例

No.102155　800円＋税
仕様：B５判　56ページ

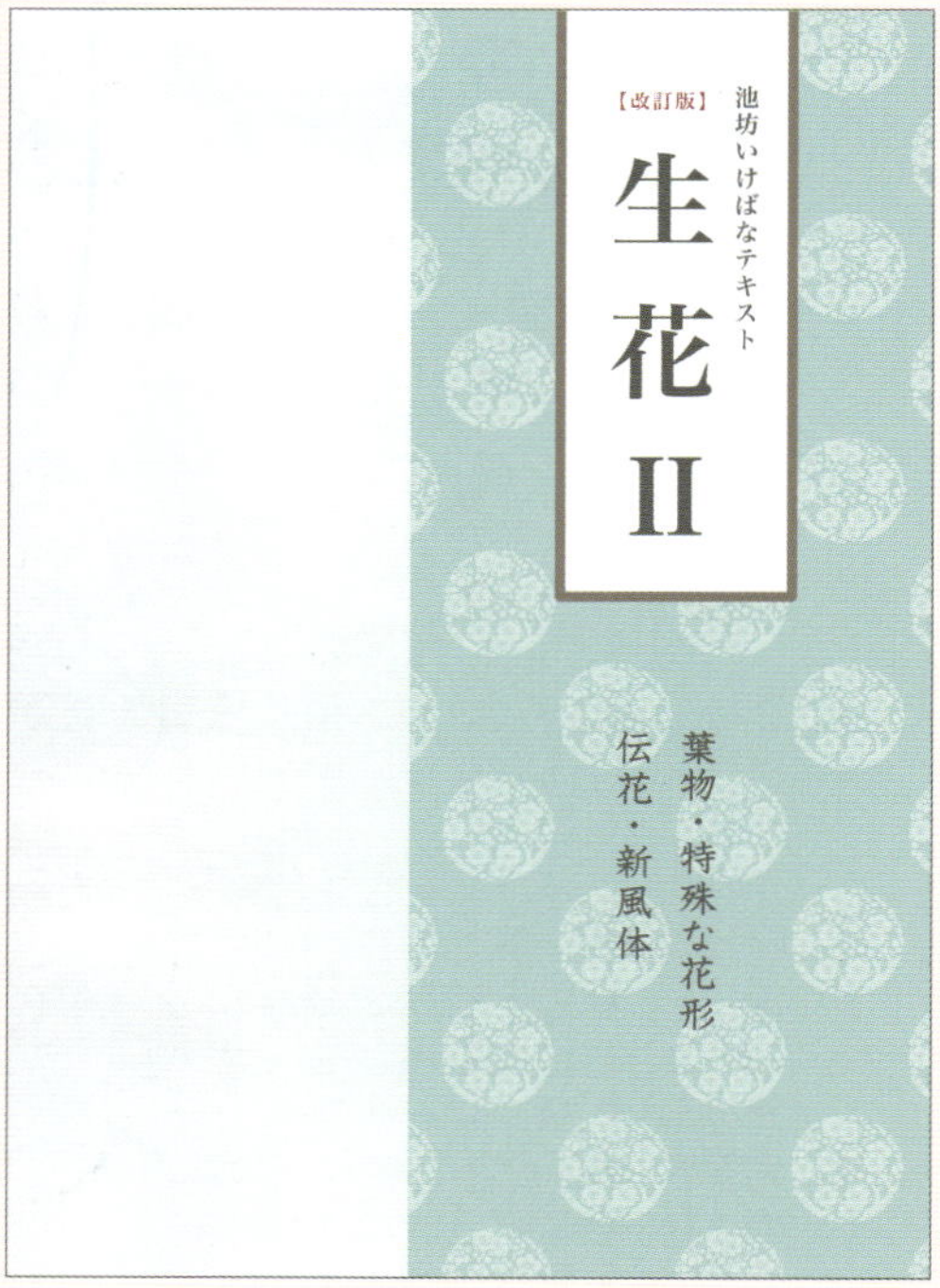

【改訂版】池坊いけばなテキスト
生花Ⅱ
葉物・特殊な花形・伝花・新風体

No.102156　800円＋税
仕様：B５判　48ページ

● 荷造送料を別途加算させていただきます。 ● 商品の色は、印刷物のため多少異なる場合があります。